和谐校园文化建设读本

论社会教育

刘海涛 秦松男/编著

吉林教育出版社

图书在版编目(CIP)数据

论社会教育 / 刘海涛，秦松男编著. — 长春：吉林教育出版社，2012.6（2022.10重印）

（和谐校园文化建设读本）

ISBN 978-7-5383-8969-2

Ⅰ.①论… Ⅱ.①刘… ②秦… Ⅲ.①社会教育—研究 Ⅳ.①G77

中国版本图书馆 CIP 数据核字（2012）第 116072 号

论社会教育

LUN SHEHUI JIAOYU

刘海涛　秦松男　编著

策划编辑　刘　军　　潘宏竹

责任编辑　张　瑜　　　　　　　　　　　　**装帧设计**　王洪义

出版	吉林教育出版社（长春市同志街 1991 号　邮编 130021）
发行	吉林教育出版社
印刷	北京一鑫印务有限责任公司

开本	710 毫米×1000 毫米　1/16	**印张**	13	**字数**	165 千字
版次	2012 年 6 月第 1 版	**印次**	2022 年 10 月第 3 次印刷		
书号	ISBN 978-7-5383-8969-2				
定价	39.80 元				

编　委　会

主　　编：王世斌

执行主编：王保华

编委会成员：尹英俊　尹曾花　付晓霞

刘　军　刘桂琴　刘　静

张　瑜　庞　博　姜　磊

潘宏竹

（按姓氏笔画排序）

总　序

千秋基业，教育为本；源浚流畅，本固枝荣。

什么是校园文化？所谓"文化"是人类所创造的精神财富的总和，如文学、艺术、教育、科学等。而"校园文化"是人类所创造的一切精神财富在校园中的集中体现。"和谐校园文化建设"，贵在和谐，重在建设。

建设和谐的校园文化，就是要改变僵化死板的教学模式，要引导学生走出教室，走进自然，了解社会，感悟人生，逐步读懂人生、自然、社会这三本大书。

深化教育改革，加快教育发展，构建和谐校园文化，"路漫漫其修远兮"，奋斗正未有穷期。和谐校园文化建设的研究课题重大，意义重要，内涵丰富，是教育工作的一个永恒主题。和谐校园文化建设的实施方向正确，重点突出，是教育思想的根本转变和教育运行机制的全面更新。

我们出版的这套《和谐校园文化建设读本》，既有理论上的阐释，又有实践中的总结；既有学科领域的有益探索，又有教学管理方面的经验提炼；既有声情并茂的童年感悟；又有惟妙惟肖的机智幽默；既有古代哲人的至理名言，又有现代大师的谆谆教诲；既有自然科学各个领域的有趣知识；又有社会科学各个方面的启迪与感悟。笔触所及，涵盖了家庭教育、学校教育和社会教育的各个侧面以及教育教学工作的各个环节，全书立意深邃，观念新异，内容翔实，切合实际。

我们深信：广大中小学师生经过不平凡的奋斗历程，必将沐浴着时代的春风，吸吮着改革的甘露，认真地总结过去，正确地审视现在，科学地规划未来，以崭新的姿态向和谐校园文化建设的更高目标迈进。

让和谐校园文化之花灿然怒放！

本书编委会

目 录

绪　论

社会教育活动与人类历史一样久远，它是随着人类社会的产生而出现的。时至今日，人们经常能够听到"社会教育"这个词语。然而，"社会教育"的具体概念究竟是什么？本书将从比较教育的视角，从各国社会教育的发展实践入手对这一问题予以回答，力求帮助人们深入理解社会教育。

一、社会教育的概念界定比较

"社会教育"一词是由 1835 年德国教育学者狄斯特威格在其著作《德国教师陶冶的引路者》一书中首先提出并加以概念界定的。由此，社会教育逐渐发展起来并被视为与学校教育一样重要的教育事业的组成部分。

社会教育的定义有很多，目前国内的学者一般从广义和狭义两个角度理解社会教育，从广义的角度讲，社会教育是指有意识地培养人，并使人身心发展的各种社会活动；从狭义的角度讲，是指由政府、公共团体或私人所设立的社会文化教育机构对社会全体成员所进行的有目的、有系统、有组织、独立的教育活动。然而到目前为止，国外学界，对社会教育的概念界定及外延依然缺乏统一的认识。国外学者多使用非正规教育、学校外教育、继续教育、回归教育、平民教育、大众教育、推广教育、补习教育、成人教育、终身教育等概念来表达社会教育的含义。

在此，仅举美、日两国为例，看一看这些国家对社会教育概念的界定与理解。

（一）美国社会教育的含义

美国是世界上教育最发达的国家之一。它拥有发达完善的学校教育系统，也存在着广泛的社会教育活动，它们都是美国教育事业的重要组成部分。二者互相补充、互相渗透与配合，共同为美国政治、经济、文化及全体国民素质的提高做着积极的努力。

社会教育同学校教育、家庭教育一样，是当代教育的一种基本类型。按其形态有广义与狭义两种理解。广义的社会教育是指除了学校教育和家庭教育之外所有有目的、有组织、有计划的社会教育活动；狭义的社会教育仅指那些由社会文化机构和社会团体或组织有目的地对社会成员进行的教育活动。这种对社会教育的界定方式源于人们对教育资源按照社会、学校、家庭进行划分，并采用与学校教育、家庭教育相对照说明其基本含义的方法。由此可知，社会教育具有对象的全民性、机构和形式的多样性、内容的广泛性等基本特点。

在这里作者需要说明的是，虽然社会教育活动在各个国家和社会中都广泛地存在着，但是人们对它的认识和研究则是近代以来的事情。由于文化背景和教育传统的不同，各国对社会教育的称呼不同。在德国、日本等国有"社会教育"一词，而在英国、美国等国没有与上述社会教育含义相应的词语，更多使用的是成人教育。为了更好地理解美国社会教育的含义，在此不妨考察一下美国人对教育和成人教育的理解，并分析它们与社会教育一般含义之间的关系。

历史上美国人对教育活动的理解比较宽泛，有时把儿童、青少年及成人在社会文化环境中所受到的陶冶，以及人们在经济、政治、文化活动中形成的具有本社区文化特点的思想行为过程都称为教育。这一传统在实用主义教育思想中表现为强调个人直接经验的获得在教育活动中的重要作用，认为教育是个体经验的不断改造，是伴随人们一生生长、生活过程的活动。反映在美国学校教育中，则表现为人们注重校内活动和实际生活的联系，强调学生对社会生活适应方面内容的学习。在更广的教育领域中，人们一向重视利用社区生活环境中所蕴含的文化教育因素进行学习，如教会、图书馆、出版界、大众媒体、工商企业等。同时这些机构都注意结合自身特点，向社区居民提供教育服务，方便人们的学习，并且引导人们关注社区公共事务，为建设美好的社区环境而做出自己的努力。所以，美国人倾向于认为任何有利于学习的东西，都是学习的资源，任何社会机构都可以开展教育活动。

对于成人教育的理解，最具代表性的是美国著名成人教育理论家梅里安和达肯沃尔德依照成人教育词语构成和具体实施过程所作的解释。对于成人，他们采用以社会责任为基础的功能定义法，认为"成人一词在判断性、自治性、责任感、承担成人生活责任等方面，不但包含着生物学上的成熟，而且包含着社会和心理上的成熟"。并且"成人是这样一个人，他已经离开了全日制学生的责任（童年和青年的主要社会责任），而承担了劳动者、配偶或父母的责任"。而成人教育是这样一个过程："在这个过程中，那些主要社会责任是以成人状态为特点的人们，为了使知识、观点、价值和技能产生变化而从事系统的、持续的学习活动。"[①] 近些年来，美国成人教育的实践发展很快，人们对成人教育的理解也注意从更多的方面来进行。这些变化主要是：①教育对象方面，范围不断扩大。除传统的工人教育、农民教育、军队成人教育、专业继续教育外，增加了移民教育、少数民族成人教育、老年人教育、残疾人教育、犯人矫正教育等。②在成人教育内容上，主张根据成人生活和学习的各种需要，设计各种教学计划，使"人们生活得更成功"。具体表现为20世纪70年代以来，社会文化生活教育的内容如家政教育、环境教育等的教学计划和参与人数增长率最大。③教学方式上，提倡自学能力的提高。通过各种现代化的信息传递手

---

① ［美］达肯沃尔德、梅里安著，刘宪之等译：《成人教育——实践的基础》，教育科学出版社1986年4月版，第11—13页。

段，真正使个人按照其学习意愿，方便快捷地得到教育服务。④对成人教育范围的限定上，认为它包括正规教育、非正规教育和非正式教育。这里所说的"正规教育"是由教育或培训系统主办，要求学生注册，使学生获得某种文凭、学分或专业技能证书的一种教育；"非正规教育"是由非教育系统主办，学生实质注册的一种教育；而"非正式教育"是指个人在日常生活中获取技能、价值、观念、知识和能力或由家庭、邻居、工作、娱乐、图书馆及大众媒体受到教育影响，或有组织、有安排但学习完毕不给学分、学位或证书的一种教育。① 可以说，当代美国成人教育是几乎包括所有成人，以职业教育和社会文化教育为重点，强调教育效果和自我教育形式的、学校教育之外范围十分广泛的教育，它在许多方面和社会教育是一致的，是美国社会教育的最主要形式之一。

从美国教育史来看，"社会教育"和"成人教育"两个词语出现的文化和教育背景不同。"社会教育"在历史上比较侧重政治教育和社会文化教育方面的内容，把"教化""教养"作为教育活动的重点，强调国家在这类教育活动中的责任和义务。"成人教育"则是应工业发展的需求，自发利用各种场所对成人侧重职业内容的教育而出现的，在教育活动中提倡自学的形式，体现着对自由、平等等原则的追求。如果仅从词语界定方式上看，成人教育更多的是从教育活动的主体——成人的角度来分析教育过程的。可以说"社会教育"和"成人教育"都是广义社会教育发展到一定程度走向规范化、制度化的产物。这里所说的美国社会教育则是从社会教育的一般含义来说的，它既指"成人教育"出现以前的社会教育活动，也涵盖了当代美国成人教育和校外教育的内容。而在行文中为了遵从美国教育的实际和人们的习惯仍采用美国学者的说法。

---

① 张维主编《世界成人教育概论》，北京出版社 1990 年 6 月版，第 62 页。

（二）日本社会教育的含义

从日本社会教育学界对"社会教育"概念的研究上看，日本的社会教育概念具有多样化的特点。

日本目前对社会教育概念定义的界定是以《社会教育法》为依据的。该法规定："本法律中所谓的社会教育不包括以学校教育法为基础，作为学校教育课程所进行的教育活动，主要是对青少年和成人进行的有组织的教育活动（包括体育和文娱活动）。"可见，日本的社会教育概括起来有三方面内涵：一是指"学校外教育"；二是指有组织的教育活动；三是指以青少年和成人为对象的教育。

掌管教育的文部省在《文部省设置法》中对所掌管的社会教育做了如下定义："社会教育，是指公民教育、青少年教育、妇女教育、职工教育等面向社会一般成员的教育，为提高国民素质而进行的职业教育、科学教育、劳动竞赛、文化娱乐，以及图书馆、公民馆等设施所开展的活动。"从中我们可以更具体地了解日本社会教育的对象、内容、领域及设施利用形态，从而更深入细致地把握日本社会教育的含义。实际上，在日本除了文部省以外，劳动省、厚生省、农林省等省厅也在各自的领域内对青少年和成年人开展多样的有计划、有组织的教育活动。

日本的社会教育包含了欧美的"成人教育"和"在校青少年的校外教育"这两个方面的概念，大体上相当于联合国教科文组织的"成人教育与青少年教育"。随着终身教育思想的深入发展，社会教育概念更加宽泛。

（三）国外与社会教育相关的主要用语及其概念上的特征

关于社会教育的概念用语，世界各国也不尽相同。事实上，除东方的中国、日本、朝鲜、韩国等国之外，许多国家并无"社会教育"这一用语，即使有类似的语言概念，也不同于我们所说的含义。例如：

1. 成人教育——从 20 世纪 20 年代以来，在英国、美国等英语圈国家里使用。是指为成人们实施的一切有组织的教育活动，也包括职业教育、技术教育、兴趣爱好教育。

2. 非正规教育——联合国教科文组织用语。是指在学校以外形成的有组织，或者尚不充分的从形式上亦未形成制度化的教育；在发展中国家为了解决教育问题，把个人求学欲望和国家发展计划有机结合的教育活动。

3. 学校外教育——英国用语。是指在正规学校以外所形成的诸多教育活动的总称，是与学校教育对立的广义教育。

4. 社区教育——联合国教科文组织首先使用，后来被各国所承认的用语。是为了普及社区开发事业同时采取的综合手段，以社区为单位，为开发社区生活，以其居民为对象实施的集体教育活动。

5. 延长教育——英国在通过《1944 年教育法》以后，英国政府普遍使用的教育用语。是指在教育制度上，接受免费中等义务教育以后的继续教育的机会，由国家、地方自治团体与产业体负责这种教育事业的法律规定用语。

6. 生涯教育——主要是指以职业从事者为对象，实施的与职业相关的出路指导、求职指导与技术教育等出路开发教育。

7. 继续教育——最先在美国、澳大利亚、新西兰等国使用的关于对成人进行教育的常用语，后被世界各国所公认。是指对学校教育后青少年和成人继续进行的教育，大体上具有提供初、中等教育机会，完成法定的义务教育年限性质的教育。

8. 循环教育——是指在科学技术发展迅速的现代社会里，为实现终身教育的战略性教育课程；为使寻找工作的成人获得新技术新知识以适应新的社会文化环境，每隔一定的期限，反复地回到学校等教育机构，接受有组织的教育活动。

9. 终身教育——这是从 1965 年起，联合国教科文组织首先使用的教育用语，后来被世界各国所公认。是把包括家庭和学校在内的一切教育看作一个综合教育过程，强调各个年龄阶段的教育连续性和社会职能综合性的概念。

除此之外，法国一般把有关社会教育的活动称之为民众教育、公众教育或大众教育。德国一般称有关社会教育的活动为民众教育、成人教育或继续教育等。

在使用西语的许多国家里虽然有社会教育（Social Education）这一用语，但一般是指"社会意识的教育"。

总之，在西方各个国家里，多用成人教育、继续教育、校外教育、大众教育或终身教育这些用语来表达社会教育的含义。

二、社会教育理论思潮发展过程及当代社会教育的理论基础

"社会教育"这个概念，最早是在 1835 年由德国教育学者狄斯特威格在其著作《德国教师陶冶的引路者》一书中提出来的。他的教育理论认为，教育不仅是发展人的能力，使之成为有用的公民，而且要发展人的知、情、意，使他成为完整的人，在法律、道德与宗教中过幸福的生活。其社会教育的对象主要是儿童和青年。在这种教育理论的影响下，欧洲出现了各种研究社会教育理论思潮，推动了社会教育的研究，并逐渐以社会教育的观点，采用社会学的原理、方法，研究探讨教育的科学理论。主要研究社会教育的理论与实践，包括历史、现状、发展趋势，青年工作以及社会成员的教育特征、内容、方法、机构等。

（一）社会教育理论思潮发展过程

从德国教育学者狄斯特威格提出社会教育理论思潮以来，其发展

大体经过四个时期。

1. 社会教育理论初创时期

社会教育活动与人类历史一样悠久，它是随着人类社会的产生而产生的。然而，现代意义的社会教育是从工业革命时期开始的。也就是说，工业革命是现代社会教育产生和发展的直接动因。即现代社会教育理论的初创阶段，是从 19 世纪初英国产业革命开始至 20 世纪初第一次世界大战结束。青少年的"社会照顾"是现代社会教育理论初创时期的主要特征。1835 年，德国教育家狄斯特威格在其主要著作《德国教师陶冶的引路者》一书中首次提出"社会教育"概念是这一时期的重要标志。

工业革命使社会发生巨大变化，出现了农业社会向工业社会的转变，出现了劳动力大迁移。社会的剧烈变动带来了一系列前所未有的社会问题。诸如，社会生产力的大迁移和城市里妇女、儿童为了生活也被卷入劳动力市场，而许多无人照顾的孩子不断增加，就连他们的生活和生命安全都得不到保障。因为工业社会形成之后，许多未成年人受到了伤害，带来了许多社会矛盾，这是家庭教育与学校教育都无法解决的。为了解决这些问题，就迫切需要社会照顾和社会教育。于是，在这一时期里，社会教育的理论与实践逐渐被人们所重视。

早期的社会教育对象主要是少年儿童。在一些资本主义发展较早的国家，就开始为学前儿童设立专门的公共教育机构。如 1771 年，法国的简·奥柏兰牧师在孚日山创办了"编织学校"（即一种让编织女工照顾无人看管的孩子的托儿机构）。1809 年，英国空想社会主义者罗伯特·欧文在苏格兰纽兰纳克的工厂里为工人阶级的子女创办的幼儿学校、主日学校等等。

随着社会的发展，社会教育对象开始向青年和成人扩展。诸如，美国教育家佛兰纳冈为青少年设立了"青少年城"；意大利教育家唐·波斯柯设立教会学校，收容失去管教的青少年；英国的欧文 1816 年将幼儿学校、主日学校及为童工设立的学校合并为"性格形成学院",这所学院既是幼儿、青少年和成年工人受教育的场所,又是他们娱乐的设施;1900年,德国设立了半官方的"青年照顾中心";在东方的日本,明治维新开始以后也比较重视青少年的社会教育。1872年4月设立了图书馆,其主要意图亦是为半路退学的青少年提供自学条件。从1905年12月起,在全国各地成立了以通俗教育活动为主的地方青年团体,1916年11月又在东京设立了青年团中央本部。其他国家也纷纷建立了各种各样的社会教育机构。诸如:幼稚园、青年之家、职业介绍所、就业辅导机构、学徒联合会、星期日学校、公民福利活动联合会、教育联合会等。

随着社会教育实践活动的发展,社会教育理论的研究也受到人们的重视,并出现了一批社会教育理论专家。他们从不同角度对社会教育进行探讨和研究,形成了自己的社会教育理论及思潮流派。尤其是在社会教育运动比较发达的德国以及其他欧洲国家。在这里仅就有代表性和有影响的社会教育思潮作以述评。

(1)狄斯特威格的社会教育理论与实践

德国社会教育学家狄斯特威格于1835年第一次提出"社会教育"的概念。并且亲自创办社会教育机构。同时,他就当时的公民教育、手工训练、为童工与不幸儿童创办的社会教育机构等一系列问题进行了研究。社会教育首先在德国迅速地发展起来,同时,在德国也出现了一批社会教育理论专家,形成了不同的社会教育理论思潮。并使社会教育逐渐成为与家庭教育学、学校教育学并列的新的教育学科,开始走上大学讲坛。

狄斯特威格认为社会教育目的,一为理性的增强;二为国家与教会要负责精神方面的监督的教育责任,并设立完善的教育机构;三为解决人的问题,使人获得自由。他认为社会教育就是通过知识而达到生活参与,使人能过上新的生活。他针对当时因工业化而造成童工和儿童失学问题，提出设立"实科学校"供失学儿童就读，让儿童学习一些实际知识与技能，使他们成为有用的公民。

狄斯特威格的社会教育思想深受裴斯泰洛齐关于"教育的主要原则是爱"的泛爱主义教育思想的影响，强调教育者要像母亲一样，一切以爱护、关心儿童为出发点，希望儿童将来成为社会有用的公民。因此，他非常重视公民教育，重视童工与失学儿童的教育问题。他的社会教育理论与实践对德国社会教育有很大影响，并首先在德国法兰克福得到应用和实施。

（2）柯隆威的社会教育理论与实践

柯隆威是丹麦一位著名的社会教育理论家和从事社会教育活动的实践者。他于1844年在罗亭成立了第一所民众高等学校。该校的教育对象不是儿童，而是青年与成人。他的社会教育理论充分反映在民众高等学校的办学宗旨之中，即《为民众启蒙，为民众教育》。在课程方面有职业课程、公民课程、生活课程等，使参与的人能够获得基本知识、职业能力。此外还设有音乐与文学，同时，该学校使用生活中的"活的语言"，摒弃当时欧洲盛行的"死的语言"——拉丁文；该学校又以培养丹麦人民的"民族意识"和"历史意识"。因此受到丹麦人民的支持，后来，类似的民众高等学校相继成立，并于1870年左右发展成为民众高等学校运动，乃至波及整个北欧各国。

总之，这一时期，由于适应当时社会发展的需要，社会教育机构的建立，社会教育运动的开展，许多社会教育理论思潮的产生，为社会教育理论从教育学中分离出来、成立独立的学科奠定了基础。但社会教育理论还未形成科学体系，只能认为是社会教育的初创时期。

2. 社会教育理论思潮的活跃与社会教育运动的兴起时期

这一时期是从20世纪初第一次世界大战结束到20世纪中叶，这个时期社会教育的主要特点是教育对象的扩大、社会教育运动的兴起和社会教育理论思潮的活跃，使社会教育理论逐步完善。

20 世纪初，资本主义社会的基本矛盾以及其他各种矛盾十分尖锐，终于在 1914 年爆发了第一次世界大战。战争于 1918 年结束。1917 年俄国十月革命，诞生了世界上第一个社会主义国家。从此，世界上就出现了两种不同的社会制度，两种不同性质的政权对峙的局面。资本主义国家人民争取自由和民主的斗争和殖民地半殖民地的民族独立运动蓬勃发展。

就生产力而言，以电动机的发明和应用为契机，人类进入了第二次科学技术革命的时代，生产力有了进一步发展。第一次世界大战的结束，社会走向安定，经济的发展和科技的进步以及人民对教育的渴求，促进了社会教育的蓬勃发展，社会教育理论臻于完善。

（1）诺尔的社会教育理论思潮与社会教育运动

1918 年第一次世界大战结束了。这场战争是由德国挑起的，战争也给德国带来了苦果——满目疮痍、社会混乱、民不聊生。战后物质缺乏，人们为生活而奔波，无暇顾及教育。战争使德国家庭残缺不全，单亲家庭增多，男人阵亡，女人外出谋生，孩子留在家中无人照管。然而，战争使青少年受到的伤害最大——社会无法使他们及时就学，家庭无法给他们以照顾和养育。这样，由于青少年缺少照顾、帮助与养育，就造成了一大严重社会问题——青少年犯罪不断上升。这使许多德国教育家忧心忡忡。于是，"生活帮助"的社会教育思潮便应运而生。

"生活帮助"的社会教育思潮的代表者是德国格廷根大学教授诺尔，他与其助手及学生于 1920 年发起社会教育运动，倡导"新的社会教育"，并身体力行，开展社会教育活动。同时，争取政府的支持制定了有关法令，使社会教育运动蓬勃地开展起来了。诺尔认为社会教育工作主要有以下五项：①无人管教的儿童的教育；②青少年的福利与养护；③青少年辅导与帮助；④发展护幼局的功能；⑤创建青年之家（青年交谊的场所，具有教养、陶冶和教育的功能）。他认为社会教育工作就是为了解决个人所遇到的困难。他在《社会教育学的评价》一文中强调指出："教育被了解为生活辅助和生活教导"，[①] 因此，"新的社会教育"就是一种生活帮助：由国家帮助而达到自助；社会教育的一种责任：分为个人责任（即自我的责任）和社会责任（即帮助的责任）。在诺尔的社会教育理论中包括以下具体分支：①帮助理论：对于青少年的帮助；②护幼理论：对幼儿教育的重视；③拯救理论：对于犯罪青少年的拯救；④补偿理论：对于成人实施民众教育。

在欧洲，20 世纪 20 年代的社会教育运动达到了高峰。这一时期社会教育主要是建立"公共的教育照顾制度"。各国先后都制定了许多保护青少年的法律。例如，在德国，经过多方努力德国国会于 1922 年制定并通过了《共和国青少年福利法》，这就是一个青少年帮助的法律。同时，社会教育的努力主要是界定"照顾"的范围，例如，对于受到伤害的青少年的照顾；对于无人管教的青少年的照顾；对于犯罪青少年的帮助；对于发展受到阻碍的青少年的帮助等。正像社会教育家威廉所说，社会教育学所探讨的理论是在努力使遭到学校退学的青年人，经过青年照顾和关心教育，使其逐渐恢复正常。在为青年谋福利，在使每一个青年能改善其能力时，社会应提供最好的服务。至此，社会教育的范围扩大了，社会教育的对象增多了，青年工作成了社会教育的重点。

当时的社会教育运动也波及了东方，特别是对日本影响很大。1918 年 10 月，当时日本文部大臣中桥德五郎在召开临时教育会议的开幕词中，首先使用了"社会教育"一词。1920 年文部省举办了"社会教育主事讲习班"，从此，"社会教育"一词被正式启用。1921 年，日本对文部省官制进行了修改，"社会教育"开始作为正式用语取代"通俗教育"，这是法令上使用"社会教育"一词的开端。继而，在 1924 年

---

① 詹栋梁：《社会教育学》，五南图书出版公司 1984 年版，第 114 页。

12月，正式将以前掌管通俗教育的第四课改称"社会教育课"，掌管图书馆与博物馆、青少年团体与妇女会、成人教育、特殊教育、民众娱乐的改善、通俗图书的认定及其他有关社会教育事务。1925年，又公布了《地方社会教育职员制度》。这样，日本社会教育制度与社会教育行政机构基本确立下来。

除了由政府主导的社会教育活动之外，在第一次世界大战后，日本的民主运动、工人运动、农民运动蓬勃发展的背景下，与其相关的自由社会教育活动亦很兴盛。在此不再赘述。

（2）来希怀因的社会教育理论思潮与独立形态的社会教育学的形成

这一时期，比较有影响的社会教育学家除诺尔以外，还有来希怀因等人。

德国的社会教育学家来希怀因曾任哈莱大学教授，因反对纳粹被迫离开大学。1939年任柏林民族博物馆馆长，前后5年，一直从事社会教育活动和社会教育理论研究。1944年被纳粹杀害。他的著作内容颇为广泛，包括博物馆教育、民族运动、音乐教育、电影教育、民众高等学校教育等。其代表作有：《中国与欧洲——18世纪的历史与艺术家的关系》、《孙中山与民族运动》、《苏俄的教育制度》等，对中国和东方颇有研究，所以，他的社会教育的概念融入了中国古代的哲学，即以助人为根本的责任意识。他的社会教育的基本理论思想是：

1）个人主义是罪恶之源。他认为个人主义是文化危机产生的重要原因之一，社会教育就是要解决这个问题。

2）社会的更新。他认为社会教育就是要养成人们"在社会中过新的生活"、"为他人服务是正确的社会法则"，唯有人人以服务为目的，社会才能够获得更新，人人才能过新的社会生活。

3）理想的社会。他认为理想的社会是精神的社会、生产的社会、陶冶的社会、教育的社会和民族的社会的综合体。社会教育的功能就在于建立理想的社会，这种理想的社会也就是和谐的社会。

4）社会的性质。他将社会区分为工作的社会和生活的社会。他认为人们所处的社会，既是生活的社会，又是工作的社会。

5）社会的新形态。他认为社会必须不断地更新才能产生新的社会形态。

总之，来希怀因的社会教育理论思想的基本观点是，要铲除个人主义的恶根，有效地向社会的每个人，尤其是青少年，灌输"社会思想"，培养人们积极的社会教育的观念；以社会全体成员为前提，讲求社会更新，建立社会新形象，以达到理想的社会。

这一时期，特别是1929－1932年的世界经济危机震撼了资本主义世界。德、意、日集团为转嫁国内矛盾，先后在世界各地发动侵略战争。社会教育运动于1933年以后就逐渐停止了。但是，社会教育运动对社会教育理论从教育学中分离出来起了催化剂作用。1929年社会教育理论以独立学科形态——社会教育学的形成正式从教育学中分化出来，成为与家庭教育学和学校教育学并列的教育科学，确立了自己在教育科学领域内的地位。其标志就是诺尔与巴拉特二人共同编辑的《教育学手册》的问世。该手册的第五册定名为《社会教育学》，书中特别强调要为社会教育学的概念、研究范围提出科学性的讨论。这种讨论主要是为了确立社会教育学的地位和理论体系，并赋予社会教育学研究与实践的价值。

3. 社会教育多元化时期

这个时期包括20世纪中期到80年代。这个时期是社会教育实践走向民主化和法制化，社会教育理论思潮多元化和科学化时期。

第二次世界大战于1945年结束。在政治上，法西斯国家的崩溃，各国人民民主力量的壮大，为战后争取和平、民主和社会主义的斗争创造了有利条件。在经济和科技上，自20世纪50年代以后，人类以原子能和电子计算机的发明应用为标志，进入了第三次科学技术革命时代。经济的发展和国际竞争的加剧，对各国的教育产生了巨大的冲击，社会教育也受到了很大的影响。冲击较大的因素有：①许多青少年无家可归，没有工作，流浪街头；②部分青年由于受教育不足，职业训练缺乏，造成能力低下；③无数青年由于经济迅速发展，迫使工作场所远离父母和家庭；④经济结构的变化引起社会结构的变化，第二产业的工人大量向第三产业流动，给社会教育造成巨大压力。于是，人们从青少年的需要出发以政治与社会的改革为契机，对社会教育进行更广泛、更深入的研究，使社会教育理论出现了多元化的局面，社会教育实践活动空前活跃，社会教育的成果更加丰富。

（1）社会教育的民主化与法制化

早在 1871 年，人类历史上第一个无产阶级专政的政权——巴黎公社就提出了教育世俗性和民主化，使所有学校面向社会对劳动者开放等主张，体现了马克思主义思想，并在全世界广泛传播。二战后，以苏联为首的社会主义国家发扬了这一教育民主化的思想，广泛地开展了以成人教育为中心的社会教育，取得了可喜的成绩。同时，在资本主义世界里社会教育民主化的呼声越来越高，使社会教育出现新局面：

1）社会教育对象不断扩大并向继续教育方向发展。社会教育对象，从纵向看，向高龄发展；从横向看，向各行各业和各阶层发展。如，日本 1945 年 9 月，文部省提出的《建设新日本的教育方针》中将社会教育看成是"发扬国民道义，提高国民教养，建设新日本的根基"。要求全面振兴包括青少年教育、成人教育、劳动者教育、家庭教育、图书馆和博物馆教育在内的社会教育。并要求这些社会教育根据社会和民众的需要不断变换内容和形式。英国《1944 年教育法》首次使用了"继续教育"概念，对超过义务教育年龄、能够又愿意继续学习的任何人，提供有组织的文化教育和训练。以后英国建立从中央到地方各层次的继续教育机构。法国在 1951 年就由劳工部与巴黎大学合作设立了劳动社会科学研究院，后来又成立劳工研究院，提供多层次的课程和培训。

2）学校设施向社会开放，办学形式多样化。利用学校设施进行社会教育是许多国家采用的教育民主化措施。学校开放的初期阶段是全面开放，即大学、高中、初中、小学都开放，随着小学和初中的普及，以后主要是高中和大学开放。例如，1945 年 10 月，日本文部省恢复了社会教育局以后就颁布训令，要求各级学校开放图书馆等学校设施；教员应积极参与社会教育指导；向大众公开讲座，扩大听讲制度，举办各种讲座；为普及专门知识，建议学校向社会开放。又如，英国大学举办"公开讲座"，为成年人提供人文、社会、自然科学、历史、艺术等高级学术性课程。随着社会教育的发展，其职能也在不断扩大，办学形式也多样化了。

3）社会教育设施不断充实和增加。例如，日本除明治时期开办的博物馆、图书馆外，二战后又增设了公民馆、青年之家、少年自然之家、儿童文化中心、妇女教育中心等。到 1971 年，公民馆达 14 249 所，图书馆达 917 所，博物馆达 375 所，青年之家 265 所，少年自然之家 11 所，儿童文化中心 32 所，其他青少年教育设施 285 所。又如，美国很早就有利用报刊、图书室（馆）进行社会教育的传统。二战后，这种传统得到发展和完善，形式和内容更加丰富。通过读书俱乐部、图书馆、讨论班向公众提供社会教育。社区图书馆也向公众开放，在比较偏僻的农村，设有流动图书馆，用汽车把图书送到居民住宅附近。历史、科技、艺术等各种博物馆也举办讲座、研讨班。此外，天文馆、气象台、动植物园等也都为人们学习自然科学知识提供了学习与观察的场所。

二战后，世界许多国家在民主浪潮的冲击下，纷纷制定和颁布了社会教育法规。例如，日本于 1949 年 6 月公布了《社会教育法》。该法共由 7 章 57 条组成，详细规定了社会教育的目的、设施、职员、团体等。1950 年 4 月，又公布了《图书馆法》，1951 年 12 月公布了《博物馆法》。这些法律随着社会经济的发展变化，不断地进行修改、充实和完善，已经成为指导日本社会教育的根本大法和准则，从而保证了社会教育民主化的进程。又如，英国于 1944 年颁布了《英格兰及威尔士教育法》，该法案要求各地方的教育部门有义务确保公共教育的合法地位。其目的在于满足国民的教育需求。这可以说是英国最早颁布实施的有关社会教育的条款。后来，又于 1964 年制定了《工业培训法》，1973 年公布了《就业与培训法案》等。特别是 20 世纪 70 年代创办的开放大学，大大促进了社会教育向高层次发展，对世界各国有很大的影响。

（2）社会教育理论与思潮的多元化

二战后，人们从青年人的需要出发，以政治与社会的改变为契机，对社会教育理论进行更广泛、深入的研究。怎样使青少年能够"正常发展"，成为社会教育理论的新的研究课题。强调生活引导应以道德为基础，增强青少年的法律保护，使其生活方式得到保证。这一时期的研究成果，形成了多元化的社会教育思潮和社会教育理论科学化的局面。其间，大量有关社会教育理论著作相继问世。现仅就几位具有代表性的社会教育学家的理论思潮介绍如下：

1）莫伦豪尔的社会教育理论

工业社会带来了许多社会问题，特别是现代的工业社会问题更多，已经对社会造成了很大的影响。这些社会问题除了犯罪问题以外，还包括人际关系疏远问题、失业问题、劳资关系问题、社会秩序混乱问题。为了适应社会的急剧变化，社会教育的课题更加广泛。

社会教育的"适应理论"思潮的形成源于"生活帮助"理论，其最具代表的是莫伦豪尔。他毕业于德国格廷根大学，其博士论文是《工业社会中社会教育的根源》。在该论文中他就探讨了"教育帮助"的理念和命题、照顾与预防、对社会教育机构的支持、青少年照顾的尺度等。后来，作为格廷根大学教授的莫伦豪尔于 1964 年出版了《社会教育概论》一书。此外，还撰写了《教育过程理论》、《教育科学的方法》、《家庭教育》等著作。这些著作中阐述了他的社会教育理论。

莫伦豪尔认为，社会教育的研究范围应偏重于接受教育有困难的人、失去管教和养育的人、犯罪的人。因此，社会教育的理念，简而言之"就是'青年帮助'的理论。"① 他认为，家庭教育的基本形态是照顾、养护、支持、养成习惯、生活方面的练习等；学校教育的基本形态是教学、传递、练习等；而社会教育的基本形态则是保护、照顾、辅导等。所谓"保护"，是指避免人的身心受到伤害，他认为最好的办法是制定《青少年保护法》。所谓"照顾"，是指关心青少年的发展，对青少年进行社会心理学方面的诊断。所谓"辅导"，是指社会教育机构要对青少年进行教育的辅导、家庭辅导、职业辅导等，而"辅导"的目的是使青少年具有适应社会的能力。他认为，"社会教育学中探讨适应的过程，其理论应以适应能力来支持。"②

莫伦豪尔还认为，社会教育与社会关系十分密切，突出表现在"社会的教育化"，即在社会中设立许多教育机构，这些机构实施社会教育。教育是社会的一种功能，透过教育而形成的社会，将是一种和谐的社会。因此，社会教育具有促进社会进步的功能。

2）威廉的社会教育理论

青年照顾理念是青年工作的社会教育思潮形成的源泉。因为 20 世纪初，在德国和欧洲就建立了"青年照顾中心"，开创了青年照顾的先河，后来到了 20 世纪 20 年代就有立法保障青年的福利与教育，使得对青年的保护与照顾更为具体。而青年工作社会教育思潮的代表人物之一就是德国基尔大学教授威廉，其主要著作有《学校理论》、《现代教育学》等。

威廉认为，如果将社会教育定在学校以外的帮助、照顾、教育的范围，那么社会教育是属于一种特殊性质的学校的教育工作，如身体

---

① 詹栋梁著：《社会教育学》，五南图书出版公司 1984 年版，第 156 页。
② 詹栋梁著：《现代社会教育思潮》，五南图书出版公司 1991 年版，第 147 页。

残障和学习迟缓的学校，包括聋哑学校（启聪学校）、盲人学校（启明学校）、弱智学校（启智学校）等；心理缺陷的治疗学校，包括学习无法集中精神者、神经性疾病者的教育机构。因此，社会教育是一种社会事业，在理论上应把社会教育视为公民教育。

威廉认为，古典社会教育的概念是"一种社会的生活帮助"。今天这种观念正在改变。当代社会教育的概念应是国家公民的培养与青少年的关心。他认为现代西方世界有许多危机存在，如文化危机、社会危机、战争危机等等，这些危机会威胁到社会中的每一个人。因此，社会教育的理论应尝试去处理所有社会上发生的事情，找出事情的内涵与事情发生的因素。社会教育又可视为一种预防社会问题发生和解决社会问题的教育。

威廉又认为，今天社会教育的概念就是社会工作。社会工作的重点是社会青年工作。因为人受教育是终生的历程，青年人离开学校，其教育应由社会负责。他认为青少年犯罪与社会教育有密切的关系。德国1923年公布了《青少年法庭法》，对于青少年犯罪事件的处理有了法令依据，接着又设立了"青少年法庭"，所有青少年犯罪行为的处分，都要经过法庭审判。但是，应该注意，这些处分是基于教育的原则，也就是用教育的手段来矫正犯罪行为，而不是消极地处罚。法律与教育二者不容偏废。"法官也就是教育家"，最好的法官所做的决定，是在教育与处罚之间不偏于一方。

同时，他还认为，社会教育的实施应该与道德教育及政治教育配合。与道德教育配合的原因是，在养成青少年的道德意识与道德行为，尤其是道德责任的承担。与政治教育配合的原因，是在于养成对国家和社会有用公民，以及能应用国家与社会的力量达到社会教育的目的。

3）乐斯纳的社会教育理论

"社会帮助"社会教育思潮的代表之一是德国著名的社会教育学家乐斯纳，他长期从事社会教育与社会工作（约15年之久），后来，在德国布劳恩史怀格工业大学开设社会学、教育学讲座，其主要著作有《社会中的教育》、《社会工作理论》、《社会工作理论与实际》等。

乐斯纳认为，人是生活在文化环境、工作环境之中，社会教育是研究人的社会互动，因此应特别重视教育过程、文化进化过程的研究。他认为社会教育的主要功能是：建立规范、文化进化的帮助和理性的社会影响。

乐斯纳非常重视社会工作，他认为社会工作与社会教育在功能上是一致的，那就是"社会帮助"。但是，社会工作是属于预防性的工作，社会教育是属于矫正性的工作。社会教育理论有助于社会工作的科学化。社会工作要靠社会教育机构来推动。社会教育机构具有补充、补偿、矫正和帮助的功能。他认为重要的社会教育机构有：儿童养护与教育机构，如托儿所、幼儿园、儿童游乐场所等；校外青年教育机构，如青年协会、青年村等；家庭式的教育机构，如青年之家等；惩治机构，以失去管教的青少年和犯罪的青年人为主要对象；辅导机构，如教育辅导处、夫妇辅导处、母亲辅导处、职业辅导处等。他认为学校也属于"完整帮助"的一环，因此现代社会应设立"青年学校"、"国民高等学校"。国民高等学校是培养公民的场所，其课程具有"补充"、"补偿"、"矫正"和"改善职业与生计"的功能，也是一种社会教育机构。

4）吉赛克的社会教育理论

吉赛克是德国格廷根大学社会学教授，是德国著名的青年工作理论专家，是"青年工作"的社会教育思潮的代表之一。其在教育学方面的研究是广泛的，包括普通教育学、职业教育学、家庭教育学、社会教育学、青年工作理论和休闲教育等，尤其对青年工作与社会化方面颇有建树。其主要著作有：《教育学概论》、《什么是青年工作——一种理论的四种尝试》、《青年工作》、《攻击性的社会教育学》、《什么是社会教育学》等等。

吉赛克主张将社会教育的重点摆在人的"社会化"上。社会教育的尺度以符合"社会化"的发展为原则。他认为社会教育的尺度有两种：第一，防御性的尺度，指控制儿童避免受到伤害而言，例如，对失管和犯罪的儿童，采用强迫教育与照顾教育并行；第二，攻击性的尺度，指积极地辅导青少年利用休闲时间，将他们"从街上拉回来"，送到大自然中去，享受大自然的美景，培养其健康的身心。青少年的"社会化"，有时会遭遇困难和偏失，社会教育的责任就在于矫正偏失，使他们获得"正常的发展"。

吉赛克非常重视青年工作，认为社会教育的实践主要就是青年工作。青年工作的主要目的是：要求青年人努力学习；负起教育工作的责任；促进社会安全；促进社会沟通；开展有意义的活动；解决个人与团体的矛盾等。青年工作也是一种教育行为的陶冶，使行为向善的方面发展。对个体而言，目标是养成良好的行为和完善的品格；对集体而言，目标是促进文化素质的发展与提高。

此外，这一时期的社会教育理论专著是十分丰富的。诸如，史立柏1964年出版了《社会教育——社会教育学》与胡特的《国民学校中的社会教育学的引导路线》、林格的《社会教育学概论》、富尔克1962年出版了《现代社会教育学的课题》、波内曼1963/1964年出版的《社会教育手册》、乐尔斯1968年出版的《社会教育学的理论与实际》等等，形成社会教育理论与思潮的多元化局面。

（3）社会教育理论的系统化与科学化

20世纪60年代前后是社会教育理论的成熟时期，进入了科学化阶段。社会教育理论走向系统化、科学化的重要标志之一就是，许多社会教育学家对一些社会教育理论问题取得了比较一致的看法。如：

1）关于社会教育的概念问题。社会教育学家普遍认为，社会教育的概念有广义和狭义之分。广义的社会教育，是指社会的陶冶工作，凡是与社会教育有关的工作皆属社会教育。狭义的社会教育，是指社会教育机构依据社会教育的观点所从事的教育活动。

2）关于社会教育的起点问题。有些学者，如克尼尔克与华芬柏格认为，"社会教育，正确地理解，始于家庭。"但有些学者，如莫伦豪尔与乐斯纳则认为，社会教育始于青少年离开学校之后，才接受社会教育。这实质上是从社会教育的广义和狭义两个角度来理解社会教育而得出的两个不同的结论。

3）关于社会教育的对象问题。社会教育学家富尔克认为，应该把从儿童至成人都列为社会教育施教的对象。这一认识已被许多社会教育学家所接受。

4）关于社会教育的功能问题。莫伦豪尔认为，社会教育具有社会照顾、保护、养护、辅导的功能。有的社会教育学家认为社会教育的功能主要表现在两个方面：一方面是青年帮助。所谓"青年帮助"是指对青年的教育帮助、职业帮助和文化帮助三个方面。另一方面是社会工作。所谓社会工作，在美国大部分社会工作是由政府推动的，在德国主要是由教会推动的。这些社会工作由社会教育机构具体负责。

5）关于社会教育机构（场所）与家庭和学校的关系问题。乐斯纳认为，社会教育的功能是靠社会教育机构来发挥的。因此，他认为现代社会应普设社会教育机构，负起教化社会大众的责任。富尔克认为，家庭与学校也具有部分社会教育的功能，也有"完整帮助"的课题。日本《社会教育法》还明文规定，学校教育设施应该向社会开放。

（二）当代社会教育理论基础与社会教育的发展

1. 终身教育思想是当代社会教育发展的理论基础

进入 20 世纪 80 年代以来，现代社会教育学理论已进入形成期。其教育思想发展的理论基础是终身教育思想。

终身教育是始于 20 世纪 20 年代，流行于 60 年代的一种国际教育思潮，这种思潮主张教育应该贯穿于人的一生中的各个年龄阶段，而不只是在儿童和青少年时代。1965 年，联合国教科文组织在巴黎召开了世界成人教育会议，会上法国著名成人教育理论家、实践家保罗·朗格朗第一次以终身教育为题作了精彩报告，引起了世界各国的强烈反响。他认为，数百年来人们把人生分为两半，前半生用于受教育，后半生用于工作，这种划分是毫无科学根据的。接受教育应当是一个人从生到死永不休止的事情，教育应当在每个人需要的时刻以最好的方式提供必要的知识和技能。

这种思潮是在现代科学技术进步和发展使得生产技术、生产组织、生产工艺不断变革而造成的劳动变更和职业变换的形势下产生和形成的。据有关专家的统计，社会科技、文化水平的日益迅速提高是与人类的知识更新周期成反比的，科技、文化水平发展的速度越快，则知识更新的周期就越短。在 18 世纪，知识更新周期为 80－90 年，而近 50 年，已缩短为 15 年，一些新兴知识的更新周期则为 5－10 年。一些发达国家的科学技术人员发现，许多科研成果和工艺流程，在 10 年前或 15 年前还能引导着科学的进步。但是，在目前许多情况下，它们已变得无用了。有 90％的人认为自己的知识已大半过时了。他们认为即使是接受过大学教育的人，学校阶段所获得的知识也仅是人一生中所需知识的 10％左右，而 90％左右的知识要在学校学习阶段后的时间获得。在如此紧迫的局面下，没有教育观念的更新，仍然完全依靠在传统的学校教育中获取自己一生所需要的知识，则势必使人类在客观存在的现代社会中陷入窘境。终身教育理论适应时势的出现，体现了朗格朗深邃的历史知识和卓越的洞察力，这一理论使教育成为贯穿人生始终的社会实践活动。学校教育不再是教育过程的最高点或终点，而是人生接受教育的一个阶段。终身教育理论摒弃了传统教育的狭隘偏见，有远见地扩大了教育环境，使社会成为一所最大的校园。而且还使整个社会内部的各种教育、训练机构紧密联系起来，纳入到一个综合统一的系统之中。但是终身教育理论并不排斥学校教育，而是在最大的限度内，调整了全体文化系统中的教育因素，并使之有机地联系起来。即把家庭教育、学校教育及社会教育综合归纳起来，作为一个教育整体，进而建立合理的教育结构，形成新型的教育体系，以适应人的一生各个阶段上学习选择的多样性。

现代终身教育思想的出现，使得社会教育被看成终身教育不可缺少的一个组成部分。

2. 调整政策，修订法规，促进社会教育的发展

随着世界社会经济的发展和科技进步，各国政府越来越重视社会教育。调整有关政策，修订和制定有关社会教育法规，把社会教育与继续教育、终身教育相结合，促进社会教育的范围不断地扩大，层次不断地提高，使当代的社会教育出现了新的局面与引人注目的发展趋势。

联邦德国在1969年制定了《职业教育法》，1976年又修订了《青年劳动保护法》，规定雇主有义务为青年人提供必需的时间来履行法律规定的职业培训。通过立法，德国逐步建立了广泛的社会教育与职业教育网。

日本在不断地修订《社会教育法》的同时，于1978年又公布了《职业训练法》的修正案，进一步强调企业内职工训练，明确企业内和社会上职业训练各自不同的任务。1990年又制定了《关于整备振兴终身学习措施的推进体制的法律》，完善了终身教育的执行体制及措施、经费、机构建设等，把社会教育体制引向了终身学习的体制。目前，在日本各地设有各种名称的民众大学，如市民大学、农民大学、自由大学等，其主要目的是广泛开展民间学习活动。这些大学举办各种形式的学术讲座，题目涉及哲学、社会学、心理学、科学思想史、日本的前途等方面，也包括技术方面和农业现代化中遇到的各种问题，以及世界各国文化比较研究等问题。

俄联邦的社会教育工作，在20世纪90年代发展迅速，其目的在于沟通家庭教育、学校教育和社会教育，改善人与其周围社会环境的关

系，协调并调动一切影响人的个性发展的文化教育因素，提高社区成员生活质量。通过开展多方面的居民社会帮助活动。诸如，教育的、心理的、劳动与闲暇的、体育保健的、经济的、法律的、医疗的等等，从而防止、缓和、减少、消除人与人之间及人与环境之间的种种冲突，挖掘每个人的潜力，发展每一个人的创造精神，丰富他们的个性，以顺利实现个体的社会化。

3. 当代社会教育的范围、场所与内容的多样化

随着社会教育普遍受到重视，各国社会教育的范围、场所与内容呈现了多样化的局面，成为当代社会教育的重要组成部分。其范围、场所与内容如下：

1）儿童照顾与儿童教育设施，如托儿所、幼儿园、游戏场所和学前班等；

2）中小学课外活动与教育场所，如，少年宫、夏令营、少年野营所、大自然学校、文化馆、少儿图书馆等；

3）青年工作与学校外青年的陶冶设施，如青年俱乐部、青年之家、青年中心、青年教育场所、青年就业辅导网等；

4）教育设施，如孤儿院、特殊儿童之家、儿童福利院、教育之家等；

5）青少年犯罪矫正设施，如教育扶助机构、缓刑的设施、工读学校、家庭照顾中心等；

6）辅导站的设施，如父母的辅导与训练、职业辅导、医疗卫生辅导站等；

7）病人、老人、犯人的帮助设施，如对有自杀倾向的人、疯狂的人、思维迟缓的人的帮助，犯人的思想和行为纠正，并使其重新过社会生活，老人的照顾，敬老院等；

8）流动团体的辅导设施，如不固定的社会工作及问题家庭的辅导等；

9）休闲教育的场所与组织，如旅游讲座、钓鱼协会、女性活动中心、插花协会、棋院等。

由于社会教育职能的广泛性，社会需求的多样性，社会成员主要是成人学习者需求和动机的差异性，决定了社会教育结构的复杂性，办学形式的多样化。按程度分，社会教育可分为扫盲、初等、中等和高等教育，与各级学校教育相对应；按专业分，可分为普通文化科学教育、政治教育、职业和专业教育、社会生活教育等；按教育对象分，可分为农民教育、职工教育、干部教育、妇女教育、老年人教育等；按学习方式分，可分为岗位培训、业余教育、部分时间制和全日制教育、自学考试等；按教学方式分，可分为面授、函授、广播电视教育等；按办学形式分，可分为企业事业单位办学、政府部门办学、社会团体和私人办学等。

第一章　各国社会教育的
历史发展过程

现代社会教育迄今已有近200年的历史，从德国的社会教育学家狄斯特威格在其著作《德国教师陶冶的引路者》中首次提出"社会教育"这一概念起，也已有整整165年了。然而真正蓬勃发展起来，受到各国政府重视，成为各国教育体制重要组成部分的，则是在第二次世界大战之后。特别是到了20世纪60年代，随着终身教育思潮的传播和社会经济的发展、科技的进步，社会教育地位的提高，社会教育才空前发展起来。

但是，由于各国发展的历史不同，文化教育传统各异，社会经济发展水平的差别较大，社会教育发展状况也不尽相同。现就几个具有代表性的国家介绍如下，以飨读者。

一、美国社会教育的历史发展过程

近代美国教育是从殖民地时期开始的。殖民地时期的教育深受欧洲各宗主国思想文化和教育传统的影响，带有明显的宗主国教育的特点。随着美国从独立到南北战争及两次世界大战，美国的社会政治、经济和文化都发生了巨大变化，美国教育也经历了由逐渐改造创新到形成完善发达的且区别于其他国家教育体系的过程。作为美国整个教育事业的一个重要组成部分，社会教育也发生了很大的变化，不同时期具有各自的特点。下面结合美国社会发展的主要历史时期，就社会教育组织机构及其活动情况，公共文化教育场所及其教育活动，学校教育体系在社会教育中的作用等几个方面对美国社会教育的历史发展作以说明和分析。

（一）殖民地时期的社会教育

从时间上看，美国社会教育在殖民地时期就已经存在，它继承和移植了许多欧洲国家尤其是英国社会教育的传统和做法，即注重教会在教育事业中的作用。不过由于殖民地居民是由不同种族、民族、宗教信仰和文化风俗的人们构成的，人们对教育事业的认识不同，对教育活动的组织情况也不同，从而呈现出同欧洲各国社会教育不同的特点。总的来说，在殖民地最初相当长的时期里，家庭、教会和社区生活是人们接受教育的主要场所。许多地区都是在移民生活有序而且社会安定之后才兴建学校的，所以学校教育在教育事业中起的作用较小。家庭教育、教会教育和社区文化生活教育及自学等，是当时居民的主要教育活动形式。社会教育的组织性、计划性及教育意识水平都不强。社会教育组织和场所不多，宗教教育和启蒙教育是教育活动的主要内容。虽然如此，该时期出现的有开创性的社会教育活动，为以后美国整个教育事业的发展都开辟了道路。具体讲主要有以下几方面：

1. 教会教育

北美殖民地初期，教育掌握在教会和家庭手中，以后成立了学校，三者紧密联系在一起，构成社会教育的主体结构。家庭和社区的成员都同教会密不可分。

首先，教堂向人们传教布道，实际上成了群众的学校，特别是群众的政治学校。在学校建立之后，教会不仅要面对一般教民，更负有指引青少年的责任。教会不仅督导教民参加祈祷等宗教活动，更要求人们严格地身体力行教义，从实践上达到教义的要求。

其次，教会还对家庭教育进行监督和辅导。因为教堂和家庭的关系密切，使家庭教育俨然成了教堂的分支。有了教会的督导，家庭教育得到了充实和提高，教会成为家庭教育的支柱和后盾。

2. 社区教育

处于探险性移殖阶段的北美殖民地，学校并未普遍设置，有的地域甚至尚未设置。人们遂无意识地肯定一切机构都做教育工作，都能够培养信仰、文雅和学识三种移民必备的素质。

正是在新大陆新型的社区生活环境的教育作用下，移民及其子孙逐渐在不同于欧洲传统的环境下成长，成为了崭新的一代。这种由社区环境提供教育的传统，也正是实用主义教育产生的基础。"亚当斯曾把殖民地的市镇比作坩埚，说它培植了人们的聪明、知识判断、风趣和技术创新才能，以及刻苦勤奋等素质。"[①]

3. 出版事业、图书馆和学会组织

北美殖民地时期的图书出版事业受英国的影响很大，尤其是伦敦作为英国的文化中心，印刷业很发达，其印刷品曾流行于北美各地。从 17 世纪 30 年代末开始，殖民地区渐次成立了印刷机构。当时的报纸、杂志、手册、年鉴、法规、教会文件等流行各地，这些刊物，从政治、宗教、社会生活、科技知识等各个方面给人们以指导。可以说，它们是各科知识的总汇，很受人们的欢迎，从而就发挥着教育群众的作用。

当时由于书刊昂贵，人们便协同购买书刊来读，于是就有了群众性图书馆。同时，一些英国移民藏书颇丰。这些私人图书馆供友人、学者及外地游历来此的人浏览阅读，这对于好学和钻研学术的风尚养成不无裨益。17 世纪，私人或教会图书馆已达数百所。市镇和教区公

---

① 滕大春著：《美国教育史》人民教育出版社 1994 年 4 月版，第 104 页。

立图书馆的设置则是从 17 世纪 50 年代开始的。而巡回各地的流动图书馆是于 1762 年创立的。图书馆的增多促使联合图书公司和图书馆协会等出版组织开始建立。教育史学家认为，美国殖民地时期自学之风的形成与这些图书的传播和出版界的活动是分不开的。

（二）独立战争到南北战争时期的社会教育

总的来说，殖民地时期人们的生活尚处于维持生存的水平，人们所从事的活动中，重要的是生产活动，教育活动的组织和发展水平不高。随着独立战争的进行，更是破坏了原有的教育，使教育发展遇到了比原来更为困难的情况，整个教育产生了后退。进入 19 世纪以后，随着社会生产的进步，西部疆域的开拓，移民的增加，教育事业有了初步的发展。到南北战争前学校教育系统开始形成：公共教育运动的较大发展使普遍的、免费的、与宗教事务分离的公立初等教育机构受到了各州议会的法律支持；私立的文实学校和实科学校受到了人们的普遍欢迎；一些私立学院和大学在各州得以设立。学校教育系统的发展为社会教育活动的开展提供了广泛的支持。社会教育在继承殖民地时期所开创的活动形式以外，为了在人民中间传播共和文化，对日益增多的工人进行教育和训练，以及国家对新移民进行同化，出现了新的社会教育形式。

这个时期的社会教育发展体现在以下几方面：

1. 教会教育

独立后的联邦宪法中确立了政教分离的原则，体现在教育中就是教育与教会的分离。随着各州行政管理体制的建立和完善，国家加强了对各项事业的法律化干预。它促进了教育从学区制向州、市、县教育领导管理体制的转变，使教会学校得到经费的机会减少，教会在学校教育中的作用减弱，从而淡化了宗教教育的内容。不过宗教在国家政治生活和人们思想意识等方面居于重要位置，所以教会对教育的影响仍然很大。

2. 社区教育

独立以后，各地出现了新的变化。

北方马萨诸塞州的卢威尔地区从19世纪30年代起有了发达的纺织业，但仍保持着新英格兰地区的生活特色。这里有许多纺织女工，她们在工厂中接受着艺徒式训练。在共同的学习和劳动过程中，纺织工人为了维护自身利益，开始行动一致、团结斗争。在工厂中，工人们阅读报刊、交流思想、互相启发。在工厂外，工人们也能受到良好的教育，因为那里有业余学校、星期日学校和夜校，工人皆可免费入学。之后这里又设立了图书馆和学校。

南卡罗来纳州的桑脱尔地区代表了南方大种植园的社会特点。该地区在南北战争前，只有少量的公立学校供白人儿童入学，主要的教育工作是由40所不同教派的教堂组织的暑期阅读圣经协会、青年会、各种图书馆、星期日学校来进行。这些教堂既是举行宗教仪式的地方，也是进行商业贸易、信息交流和社会联谊的场所。

中部的纽约是工商业发达、交通便利、居民结构和职业结构非常复杂的发达地区，有着数量众多的教堂。成立的学校、俱乐部、慈善协会、文化组织、新闻社等机构组织了各种活动，具备着广泛的社会教育影响。此外，由于该地区贫穷救济、犯罪规劝、恶行改造、邻里和睦等活动的开展，纽约市打破了教派界限，纷纷成立了各种协会，以担负起慈善救济和启发教育等任务，帮助教会做好各项社会工作。这里的学校和社会教育机构经常协作，发挥社会教育功能。

3. 学校教育系统对社会教育的贡献

与殖民地时期相比，建国后的学校增加迅速，学校在编制课程、教学和教师等方面都迈上了新台阶、学校尤其是公立学校的发展，使它们不仅在完成儿童、青少年正规教育中发挥主要作用。同时也向广大社会成员开放，发挥着多方面的教育功能。

值得一提的是美国公立中学的特点。可以说公立中学是为众多普通公民而设的，体现着民主的原则。由于当时群众皆入普通学校，中学被称为"群众高等学校"或"人民学院"。它不以升学为目的，而是服务于有志就业的广大青年，同时向社区广大群众提供教学服务。也正是从这个时期开始，美国公立学校系统就有为社区广大群众提供社会教育的职能。它为成人办理的一些教学服务是以后成人教育的萌芽，从而开辟了学校系统为成人提供教学服务的良好传统，为社会教育作出了贡献。

4. 出版事业、图书馆和博物馆开展的社会教育活动

建国后，各地的出版、印刷业者纷纷面向全国推广爱国思想和科学知识，从而形成了强有力的教育渠道。各种专业著作也迅速增加，表明学校教育的飞跃和美国科学的进步及人民求知欲的增强。

出版业的快速发展促成了图书馆事业的发达。首先是私人藏书增加。出版界和销售者不断举行展销活动，在各地传播文化。其次是社区图书馆和私立图书馆的兴盛。随着社会上各行业的繁荣，众多从业人士奋起读书追求知识，钻研技术和提高工作能力。在此情况下，青年们组织起来掀起了读书活动，协力创办图书馆。到 19 世纪末期，大部分改为公款支助和控制的了。另外还有为数不少星期日学校和学区设置的图书馆，以及学院和学会图书馆。这些图书馆在供人们借阅的过程中还将图书进行分类，并编写书评以方便读者。

博物馆是随着科学技术的发展和人们对自然的认识增加而逐渐建立的。博物馆的建成又形成了人们新的文化教育渠道。到南北战争时

期博物馆已成为各州与市镇比较普遍设立的教育场所。

5. 讲习会和学术组织开展的社会教育活动

"19世纪在美国来说是一个崇尚公开演讲的世纪，人们就各种问题进行历史探奇，并公开自己的想法。"[1] 史称讲习会运动。讲习会是由霍布鲁克于1826年创立的，之后全国各地纷纷成立讲习会。到19世纪中叶，农民、工人和教师都按行业组成了讲习会，有的更进一步出现了律师、医师、工程师等的学会组织。有些讲习会和学会组织还积极成立学校、图书馆、训练班、出版部等，影响广泛而深远。另外还成立了许多依附于图书馆的共读组织。在建国初期，集体研读在个人生活中居重要地位，之后的几十年中这类组织发展很快，数目不断增加。无论是公开演讲还是集体研读，人们之间都能感情亲切、关系融洽。通过各种活动人们不仅掌握了科学、文学和职业技术，更使人在政治上取得了思想交流和了解。

(三) 南北战争到二次世界大战时期的社会教育

南北战争的结束为美国资本主义的进一步发展提供了新的发展空间，使美国经济一体化的趋势进一步增强。从19世纪70年代起，美国经历了长期的经济快速发展，并迎来了20世纪20年代美国经济繁荣的"黄金时期"。在经过1929—1933年的大萧条和罗斯福总统执行的"新政"之后，美国经济又转入了战时快速增长时期。伴随这一过程，美国社会结构发生了巨大变化。同时美国的科学技术和各项文化事业进入了昌盛时期。社会的巨大变革推动了教育事业的快速发展，使原有的学校教育系统得到充实和完善，社会教育分化为儿童、青少年的校外教育、成人教育和青少年的社会工作等三部分，家庭教育功能走向

---

[1] M. S. Knowles "The Adult Education Movement in the United States", Robert E. Krieger Publishing Company, 1977, P. 117.

衰落。总的来说成人的社会教育在这一时期的发展最快,并出现了成人教育这一名词,也是从这一时期开始社会教育的广大领域被成人教育所取代。

1. 成人教育的出现与发展

青少年学校教育系统的完善促使成人教育从社会教育中分化出来。这一时期美国的学校教育随着整个社会现代化的步伐加快而逐步繁荣起来,形成了具有美国特点的教育制度。从学校体制看,由幼儿教育、初等教育、中等教育、高等教育以及师范教育和职业教育构成了完整的系统。具体讲,在各级学校教育中主要是初等教育、中等教育的发展和扩大。从 19 世纪公共教育运动起,到第一次世界大战结束,美国初等教育从强迫教育向普及的方向发展。到二战前,初等教育在全国接近普及,绝大部分儿童都进了公立小学。公立中学为适应工业迅速发展对科技人才的急需和为满足中产阶级家庭子女深造要求,在南北战争后得到快速发展。

成人对接受教育的迫切需要是成人社会教育快速发展的内在原因。从当时全体社会成员的受教育情况来看,大多数从事工农业生产和其他各行业工作的成人没有受到良好而系统的学校教育,即使受过初步教育也无法适应工业发展和整个社会各项事业进步对成人生产技能和各方面素质提出的更高要求。

广大成人对教育的迫切需求,大大激发了人们举办社会教育的热情。它不仅促使原有广泛的社会文化教育活动向高层次发展,出现了更多的社会教育机构和组织,同时也引起了联邦政府对社会教育事业的重视。联邦与州政府通过立法、拨款等形式积极支持成人社会教育事业的发展,使其向制度化、系统化、规范化方向发展。社会教育在传统领域有更大发展的同时,又出现了生产教育、大学推广教育、公民教育、扫盲运动等新形式。

2. 公民教育与扫盲运动

美国是世界上移民最多的国家。不过移民问题在南北战争以前并未引起太多的注意。这一问题真正引起人们的重视并着力解决，是在19世纪末和第一次世界大战以后。因为从1892年后大量的南爱尔兰人和东南欧的波兰人、斯洛伐克人、斯拉夫人、奥地利人等移居美国。这些人赤贫如洗且文化水平普遍偏低，缺乏必要的劳动技能和对美国政治、文化的认同。同时，美国国内也存在大量文盲，并因此引发了许多社会问题。所以必须对移民和文盲人口进行公民教育和扫盲教育。为此，联邦教育局在1915－1916年领导城市举办大量公民培训班和夜校，要求外籍美国公民首先学习英语，还要学习美国宪法、美国历史和政治。从经济、政治和社会文化等方面把成年文盲特别是外籍美国公民，培养成忠于美国民主社会的国民。在1923年，纽约州修改选举法时，提出公民获得选民证的教育水平标准，之后许多州相继效仿，一场扫除文盲和学习知识的运动就此开始。各州纷纷把学校作为兼顾社会成人学习的场所，使学校成为社会文化和学习中心。受此影响，建造了大量的新校舍、图书馆、俱乐部、体育场、游泳室、生产工作车间等也都成为学校的应有或必有之物。成人班、读书会、讨论会、讲演会、有组织的文娱活动等在各地得到了普及。联邦政府从1933年开始实施紧急教育措施，对数百万成人分别进行文化教育、移民教育、黑人教育、工人教育、家长教育等，收到了一定的效果。

3. 图书馆和博物馆的社会教育活动

南北战争以后，美国的图书馆、博物馆事业有了更大发展。为数众多的图书馆、博物馆开展了多种多样的有效服务，对广大中小学生和社会各界人士起到了一定的教育作用，发挥了社会效益。其中最著名的是国会图书馆，它于 1886 年经国会同意再建了规模宏大的馆舍，并把图书供群众阅读。到 1938 年馆舍面积已达 36 英亩，藏书 600 万册，职员上千人，成为世界上最大的国立图书馆。其丰富的藏书和优良的服务，极大便利了学习和研究，被称为人民的大学、群众的学府。同时，学者们对图书馆和博物馆的社会教育作用及其如何开发利用都作了较多的研究和著述。

（四）二次世界大战结束到 20 世纪 70 年代初的社会教育

二次世界大战结束后，美国经历了长期的经济增长和持续繁荣，社会各项事业也得到了空前发展。这些为教育事业的发展提供了可靠的基础，也提出了众多的要求。总的来说，战后美国教育沿着科学化、民主化的道路得到了大发展，进行了多次重大改革。其中发展最快的是成人教育，幼儿社会教育、青少年校外教育等也受到更多重视。具有重要意义的是联邦政府和社会各界对社会教育的地位和作用有了更多的认识和研究，使社会教育沿着法制化、专业化的方向得到了大发展。其中影响较大的社会教育活动有以下几方面：

1. 幼儿社会教育受到重视

美国是一个后起的资本主义国家，学前教育开始得较晚。在 20 世纪最初的 20 年间，美国许多教育工作者反对向幼儿进行社会教育。这种情况直到二战以后才开始有所改变。20 世纪 60 年代，美国心理学家的一些理论研究为儿童的早期教育提供了重要的理论基础。这些新观点使许多州政府开始重视幼儿教育，并制定各项政策予以保证。其中著名的是 1964 年《经济机会法案》中作为"向贫穷宣战"的一环，开始实行的"起点计划"。它为贫困线以下的儿童实施补偿性教育。具体措施有：为儿童进行治疗、为家庭提供社会服务和对父母进行教育、为儿童身心健康发展设立社会教育机构等。它使幼儿社会教育机构如日托中心等如雨后春笋般发展起来。另外教育部门、卫生部门、福利部门和学校等还对幼儿的家长进行教育，传授必要的家庭教育知识，使家庭成为有效率的婴幼儿学校。受此影响，许多医院开办了学习班向年轻父母讲授育婴知识，许多城乡卫生部门大量散发育婴书刊。联邦政府有关部门还印发并赠阅各种读物，指导家长从事幼儿教育活动。公共文化机构也参与这一社会活动。报纸、杂志等开辟专栏对幼儿教育进行系列讲座，公共电视于1969年开播了"芝麻街"儿童教育节目，使几千万儿童从中受到启发和教育，收到了良好效果。

2. 成人基础教育和职业训练得到联邦政府的支持

战后，特别是20世纪60年代初，联邦政府与州政府通过立法形式对旨在帮助贫穷者、失业者或就业时间不足者的教育项目予以资助，大大加强政府在成人社会教育中的作用，希望以此来解决或协助解决社会贫困问题、失业问题、种族歧视问题等。其中影响较大的是1966年颁布的《成人教育法案》。该法案起源于1964年约翰逊总统"向贫穷宣战"内容一部分的《经济机会法案》。它制订了统一的全国成人基础教育计划，以帮助那些"由于不会讲、读、写英语而不能得到或保持力所能及的工作"的成人。在此之后又经过多次修订，主要是为了扩大成人基础教育计划的范围和灵活性，加强州一级政府在人员配备和特别项目上的控制。到20世纪80年代后，成人教育法案所支持的重点仍然是那些文化程度低的人们。从影响上来说，《成人教育法案》是1914年《史密斯—列威尔法案》之后影响最大的成人教育法令。其深远意义不仅在于为成人基础教育和训练提供了资金和规定了资助条件，更重要的是在其推动下，联邦和州政府制订了一系列成人教育政策，协调了教育工作、加强了业务指导等事项，使成人基础教育得到法律保障。

此外，同《成人教育法案》一样，以社会福利等形式对处境不利者进行教育和培训的立法还有：1961年的《地区再发展法案》、1962年的《人力发展与训练法案》、1964年的《经济机会法案》、1973年的《综合就业与训练法案》等。这些法案的条款中都不同程度涉及对成人的职业教育和转业或就业训练等项目的资助，它们对缓解这一时期美国国内贫穷、失业、种族冲突等社会问题起了一定作用。

3. 新型社会教育媒体出现与远距离教育

教育技术的进步使传统的函授教育出现了新的形式，以广播电视大学、公共教育电视等为标志的远距离教育有了较大发展，使美国的远距离教育具备了一定的规模。美国的广播电视系统、教育系统和一些私人公司都投入大量的人力、财力对远距离教育进行开发、研究与应用。几乎每所大学都设有远距离教育中心，为社会和公众提供远距离教育服务。到1967年，美国有教育电视台125座，每周向600万户播放教育节目。商业性电台和电视台也播放不少教育节目。此外，录像和录音技术的进步及20世纪70年代通讯卫星的发射，都使人们更方便地获得教育信息。战后美国家庭电视的普及和人们余暇时间的增多，为人们通过电视接受这种教育服务提供了方便条件。

4. 学校系统开展社会教育活动的新进展和对新形态的探索

战后美国大学推广部的活动内容有了很大发展。由于科技的不断发展和社会的变化，大学内非全日制学生逐渐增加。20世纪60年代部分时间制学生已达48%，大学开始向成人提供学位或学分课程。然而更多的是非学分短期课程的讨论会和其他非正规教育机会，并提供更多的咨询和技术服务，开设社区所需要的新课程，以积极支持社区文化活动。

对于自学，短期住宿研习班、函授、广播电视课程均授予学分，开设校外学位机构从而加强了大学同社区的联系。在这方面社区学院的作用比较突出。战后美国社区学院全日制学生减少,客观上刺激社区学院投入社区工作,使其在促进地区经济发展,缓解退伍军人入学难等方面发挥了重要作用。1965 年后社区学院实行"门户开放",为社区提供所需要的教育,从招生制度到教学内容均服从于社区需要,社区学院为社区提供多种服务。

在基础教育中,人们开始探索采用社区教育的形式来改变学校教育同社会生活的隔离以及学校教育在解决社会问题中无能的状况。有影响的活动是"非学校化运动",出现了自由学校、无墙学校等。非学校化理论的倡导者提出了建立新型吸收社会教育优点的社会教育组织的建议。这一运动从 20 世纪 60 年代中期开始,持续到 70 年代。它代表着人们对社会教育和学校教育各自职能的深入认识,并在积极寻求解决二者矛盾的途径。

5. 图书馆和博物馆事业的发展及其社会教育活动

战后美国通过立法形式支持和规范图书馆事业的发展。主要的立法有 1956 年的《图书馆服务法案》、1964 年的《图书馆服务与建筑法》、1965 年的《初中等教育法》、《高等教育法》及《医学图书馆援助法》。这些法案对图书馆服务、馆际合作、图书馆资金来源及分配、图书资料的供应等方面分别作了规定。它促使美国图书馆事业形成了国家图书馆、政府图书馆、公共图书馆、学校图书馆和私人图书馆等各级各类体系,极大方便了人们研究、读书与求知的需求。图书馆的服务范围不断扩大到退休中心、地区医院、监狱等处和残疾人、少数民族、儿童等各类读者,有的还在超级市场开设分馆。就图书馆的服务内容而言,它除了书籍借阅外,还可提供音乐、录像和录音材料、电影、名画摹本等。通过举办专题讲座、演讲、放映电影、指导绘画入门、填写所得税单的讲解，以及儿童读书班、故事会、演出木偶戏等多种教育活动，图书馆的社会教育活动推动了社区文化生活，让公众认识到图书馆资源的巨大价值。

博物馆事业在战后也得到了迅猛发展。尤其是 20 世纪 50 年代，随着工作时间减少和工资提高，以及人们对了解周围世界出现的浓厚兴趣，人们愈加渴望得到更多的文化知识，从而引起了博物馆的变化。首先是博物馆数目比战前增加 1 000 多座，增加速度最快的时候平均每三天半就有一座博物馆开幕。其次是观众人数急剧增加，人们争相观看和了解博物馆展出的广泛有趣、喜闻乐见的展品。博物馆的数量到 1980 年达到 5 000 多个，约占世界博物馆总和的 1/3；每年到博物馆参观的人数多达 3 亿人次。博物馆中约有半数是自然历史博物馆，其余是各行业各学科的博物馆、科技博物馆。其中还有 100 多座儿童、青少年博物馆。

自然历史博物馆都在本专业领域内收集更多的标本、丰富馆藏，以帮助人们增进对大自然的了解。同时每座博物馆都结合自身特点收藏有关书籍并开展研究。并且，所有的自然历史博物馆都在为更加有效地传播自然科学知识千方百计地开展多种多样的活动。如举办讨论会、训练班、报告会、故事会、实物表演、有教育意义的音乐会、舞会、话剧演出、自然科学电影、民间戏剧汇演、为电视台和广播电台编排节目、组织学生到野外进行考察、组织家庭成员到野外参观自然历史文物等。此外，还派出巡回展出汽车，到几百公里以外的学校或乡村巡回展出，或到附近学校、工厂举办小型展览，把展品和知识送到群众面前。科技博物馆的共同特点是十分重视对青少年和儿童的科学技术普及教育，并将参观科技博物馆的活动和中小学正常教育活动结合起来。做法经常是教师带领学生有计划地分批到本地的科技博物馆参观。教师结合某一教学内容在博物馆中利用实物或表演装置，使学生加深对课堂讲授内容的理解。有的科技馆还专门给一些对科技特别感兴趣的学生成立短期学习班，使他们在课外接受培训，学到更多的内容。

（五）20 世纪 70 年代初至今的社会教育

20 世纪 70 年代初的能源危机使美国经济出现了严重衰退，从而转入低速增长和调整时期。这一状况到 20 世纪 90 年代初有所改变，从 1991 年初开始到目前，美国经济一直处于稳定增长状态。经济增长的背后是美国以知识的生产和利用为基础的高新技术产业对传统经济结构的改造。同时，经济生活中科技成分急剧增加，对人的知识技能、思想观念都提出了更高的要求。在这一过程中，美国基础教育进入新的以质量提高为目标的改革时期，高等教育随着成人学生的大量增加规模不断扩大。社会教育的发展受终身教育思想的指导，开始成为美国终身教育体系中规模最大、参与人数最多、最具活力的一部分。同时也是实现终身教育理想的重要方面。总的来说，社会教育在对象、内容、机构等方面继续扩展，与家庭教育、学校教育之间渗透和融合的趋势日益明显。随着 1976 年《终生学习法》的颁布，"组建学习化社会"、"创办学习社区"、"使美国成为人人学习的国度"等口号开始成为社会教育的行动目标和发展方向。具体来说，这一时期社会教育的发展主要体现在以下几方面。

1. 社会教育与学校教育之间的关系更密切

20 世纪 70 年代以来人们对学校教育中出现的类似学业成绩不佳等现象有了进一步的认识，普遍把改变社会教育环境作为改进学校教育诸多问题的重要途径。所以人们提出加强学校和社会之间的联系，使更多的人参与到对儿童、青少年的教育中来。在 1994 年通过的《美国

2000 年教育目标法》中把"全社会都参与使每所学校变为无毒品、无暴力，未经授权不得携带武器和酒精的场所，并成为纪律良好、充满好学上进风气的场所"① 作为努力的方向。同时通过加强"学校与社区的联系"，使教育家长、学校所在社区、家庭充当学校的助手、榜样、教师、领导和要求严格的股东，创办学习社区。提出了使"每个人都成为教育者与学生"、"社区成为教育的教室"而"教室则成为社区"等教育设想。

2. 社区学院成为综合性的社会教育

社区学院是从 19 世纪末出现的初级学院发展而来的。二战前它处于缓慢发展时期，二战结束后到 20 世纪 70 年代有了很大发展，20 世纪 70 年代以来又进一步向综合化方向发展。目前，无论是学校数目还是注册人数都占高等教育的近乎一半。同时它又在社区文化和教育活动中扮演日益重要的角色。

20 世纪七八十年代美国经济状况时好时坏，加之传统高等院校学龄人口的减少，四年制高等院校的学费又大幅增加，使更多的青年到社区学院学习，转学教育又受到重视。同时这一时期的美国经济处于调整之中，有大量成人需要受继续教育、转业教育及再就业教育，社区学院中的成人学员增长很快，对职业教育课程的需求成为重点。为此，社区学院设置灵活的教学计划，拓宽课程内容范围，方便广大成人的学习，通过执行"门户开放"政策，向社区中所有年龄阶段的人提供多种娱乐和教育服务，使更多的社区成员的文化素质得到提高，为社区发展作出应有的努力。用多种方法和途径来加强同工商企业之间的联系，通过合作教育等形式为它们提供服务，也为自身的发展争

---

① 国家教委教育管理信息中心，"美国教育的发展：1990－1994 年"，《教育参考资料》1995 年第 10－12 期。第 18－20 页。

取更多的财政支持。"总之，社区学院把社区的一切需要视为己任，成为社区的中学后教育中心、职业教育中心、扫盲教育和成人继续教育中心、补习教育中心、转业教育中心、就业指导中心和精神文化生活中心等。"① 提供综合的文化教育服务已成为社区学院的特点。近些年来人们又提出"社区即校园，居民即学生"的口号，社区学院被称作"全民教育的学院"。可以说，这一时期美国社区学院的综合化发展标志着社会教育与学校教育走向"融合"，成为终身教育理想实现的一个重要环节，同时它又反映了美国浓厚的社区文化传统。

3. 高等学校与工商企业之间进一步加强合作，社会教育在更高层次上得到发展

20 世纪 70 年代以来，企业界与高等学校在科研开发中的合作加强。同时，高等学校更多地担负起专业继续教育的任务，与企业界的"人力资源开发"计划相配合，使从前联系较少的工商企业自办教育和高等学校成人教育实现新的契合，从而提高了社会教育资源的开发率和利用率。到 1994 年，3 600 多所高等院校中有近 3/4 开展成人继续教育活动。据统计，美国在 20 世纪 80 年代中期有 3 200 万人在拥有 500 人以上雇员的大中型企业工作，雇主们非常重视对职工的培训，为雇员提供学习机会和教育经费，通过不同形式开展教育活动。在实践中美国高等学校和工商企业创造了多种科研、教育与开发一体化的新型合作方式，推动高等学校的教育服务和企业的社会教育职能开发都以新兴产业的发展为目标向高层次发展。

4. 老年人教育、妇女教育开始受到广泛重视

20 世纪 70 年代以后美国老年人口在总人数中的比例开始不断增

---

① 王英杰"美国社区学院的历史经验及发展中国专科教育之我见"《外国教育研究》1992 年第 1 期，第 21 页。

加，到 20 世纪 90 年代中期 65 岁以上人口已超过 10%。另外，战后"婴儿潮"时期出生的人口也将在下世纪初步入中老年，从而加剧老龄化问题。对此，美国学者早就开始注意研究，呼吁开展对老年人的社会教育工作。另一方面，由于战后美国营养卫生、医疗等条件大为改善，老年人的健康水平普遍提高，预期寿命延长。他们已不再安于退休生活，而是积极争取继续工作的机会发挥余热。同时，老年人开始在条件允许的情况下积极参加有关个人丰富与个人兴趣的学习活动来充实自己。所以，这个时期成立了许多民间自愿团体等老年人组织，众多社会文化教育机构开辟了为老年人服务的课程或活动，创建了一些老年大学、老年人中心等专门的老年人教育机构。

这一时期的妇女社会教育也因妇女参加工作人数的比例不断增加、妇女受教育水平的提高及妇女运动深入等因素的影响而受到社会的广泛关注。表现为 20 世纪 70 年代以来妇女参与成人教育活动的增长率远大于男性参与成人教育的增长率，一些地区性或全国性的妇女组织在维护妇女受教育权利和推动妇女教育方面做出了不懈的努力。

5. 媒体技术的进步全面提高了社会教育活动的水平和效果

20 世纪 70 年代以来媒体技术特别是计算机技术的进步迅速，它不但改造和提高了传统的社区文化机构如图书馆、博物馆、天文馆、教育中心等的社会教育职能和效果，而且还出现了以计算机网络、通信卫星等为代表的新型社会教育媒体，多媒体时代由此到来。在计算机技术对传统文化机构改造方面有代表性的是 20 世纪 80 年代以后美国图书馆系统普遍采用计算机检索和管理，并通过计算机网络向更多的人提供服务，使人们能够方便快捷地在计算机终端得到全国各大图书馆的馆藏资源。众多的自然历史博物馆、科技博物馆、天文馆等机构也采用声、光、电技术，精心设计展品展出的方式或演示实验方法，使人们更真切地在参观学习中受到教育。

20 世纪 90 年代以后，美国提出了建立国家"信息高速公路"的计划，目标之一就是使人们更方便迅速地获得网上教育资源，让更多的人通过计算机网络随时随地学习。于是"网络大学"、"网络教育中心"等新型社会教育机构在美国出现了。

二、德国社会教育的历史发展过程

（一）第二次世界大战前德国的社会教育发展状况

18 世纪的英国工业革命和法国资产阶级革命导致了欧洲社会、政治、文化和经济的深刻变化，对全人类文明的发展起到极大的推动作用。其时，德意志民族神圣罗马帝国仍然处于贫穷、疲惫、四分五裂的状况。

迫于外来民族的政治影响、文化渗透、经济扩张、瓜分殖民地以及军事入侵，德意志民族的民族精神日益高涨和统一意识不断觉醒。以德意志民族中最大的普鲁士邦国为代表的新兴势力，采取一系列改革措施，力图跻身于发达国家之行列。许多有识之士就如何改革提出了精辟之见。其中有的人基于德意志民族重视教育的历史传统，对教育改革给予了特别的关注，进行了德意志民族教育史上最重要的一次改革。

时任普鲁士邦国内务部教育厅厅长的教育家、哲学家洪堡，根据瑞士教育家斐斯泰洛奇的教育思想，按新人文主义理论对学校教育实行改革，主张国家应该将青年人培养教育成为自由的和有道德的人。其目的是"服务于自由人类的伟大目标"，"达到自由的、自己负责的人格的大同"。学生要"学会独立思考，养成一定的个人品德"——而这种品德对于学生日后在职业和社会中发挥重大作用是至为重要的。

洪堡反对划分学校等级，提倡人人受教育。

针对德意志民族的经济改革，图宾根大学教授、著名的国民经济学家李斯特在其《政治经济学的国民体制》一书中认为：在发展经济以增强福利的诸多条件中，起决定性因素的不是物质财富，而是"生产性力量"，即科学、艺术以及培养人的、并使其智慧服务于全体人民的学校。

著名的德意志民族主义者、被称为"德意志体操之父"的教育家雅恩著书立说，呼吁通过教育"振兴德意志民族精神"、"创造德意志民族性格"。因为，"民族特性是衡量人民价值的真正尺度和准绳"，"虔诚爱国，是德意志民族特性中最重要的组成部分，是伟大和光荣行为的源泉"。他认为："在儿童教育方面，国家必须取代神父的地位"，"初级学校应强调数学、图画和自然科学。学校最重要的职责是教育年轻学生懂得做一个公民的职责"。雅恩十分强调父母和教师的作用，"没有父母——这神圣的名称，对孩子们的其他一切努力和工作都是白费"，"……教师是非常重要的人物"，"没有节颖的教育者应予以起诉、囚禁，甚至处以极刑"。他所确立的真正的德意志民族教育的目标是：①实行全民教育；②推行国语；③阅读德意志民族古典著作；④进行时政教育；⑤学习历史；⑥参加体力劳动；⑦择业服务于公共福利；⑧从事体育锻炼；⑨女子享有平等的教育权利。

此外，弗兰克、巴西多、萨尔茨曼、康德、歌德、费希特、赫尔巴特、福禄贝尔、第斯多惠和凯兴斯泰纳等著名的哲学家、教育学家、心理学家和文学家，对教育的主体、对象、目标、方法、功能及其心理和社会因素诸方面，都作过具有代表性和影响性的阐述。

在德语中，对传授知识和学术的学校教育与人格的培养，也用不同的词汇加以明显的区分。广义的人格教育不以达到一定的状态或一定的年龄而终止。

无产阶级革命家、科学社会主义和共产主义理论的创始人马克思和恩格斯以历史唯物主义和辩证唯物主义的观点，从无产阶级的根本利益出发，以大无畏的批判精神，对封建主义社会和资本主义社会的教育进行了剖析。无情地鞭笞和彻底揭露了资产阶级教育的欺骗性和虚伪性，对教育的阶级属性进行了论述，为无产阶级及其获得政权后的教育事业指明了发展方向。这对当时的无产阶级工人运动乃至资产阶级的反对封建专制的民主革命都有积极的指导和推动作用。

以柏林人民群众 1848 年 3 月 18 日发动武装起义为象征的资产阶级革命，重创了德意志民族的封建专制统治。同年 5 月 18 日在法兰克福保罗教堂召开的、有德意志民族各邦国议员代表出席的国民议会，以及嗣后颁布的第一部《德意志邦联帝国宪法》——为未来的统一的国家提供法制的保证，集中反映出德意志民族的民族精神和统一意识，从而在一定程度上为德国资本主义的发展扫清了道路。

在这部宪法中，对学者"自由从事学术和科学、进行研究和教学"有所简述，并明确规定"人格的培养和学校的教学归国家管理，免除牧师在宗教课以外的职责"。1871 年，普鲁士邦国完成了德意志民族的统一大业，宣告成立德意志帝国，进一步加强了对教育的管理。在 1872 年 3 月颁布的《学校监督法》明确规定：要由国家监督代替教会一直对学校教育的监督。在德国教育的发展中，教会侧重于学校教育以外的人格的培养及一定的社会教育，而传授知识和学术的学校教育逐渐归为国家管理，盖源出于此。

上述种种思想不但强调了传授知识和学术的学校教育的重要性，还说明人格的培养更为重要。人格的培养是贯穿人生的终身教育，它不仅限于学校课堂，而更多的是在家庭和社会中，两者互为融合、区别与互补。由此这就奠定和确立了德国社会教育的理论基础和实践范围。社会教育的根本目的是通过一切可行的手段，将人培养成具有人格的人。

但是，必须指出的是，在第二次世界大战结束以前的德国学校教育和社会教育，受到当时社会的政治、经济、文化以及意识形态的制约和束缚，没有达到其所期待的目的。学校教育和社会教育中存在着军国主义、沙文主义、狭隘民族主义、种族主义、扩张霸权主义、独裁专制、臣仆意识和效忠君主等毒素，对德国发动两次世界大战起到了推波助澜的作用，阻碍了人类文明的发展。

(二) 二战后时期（德国从分裂到统一）

1945年5月，纳粹德国战败投降，德国被置于英、法、美、苏四国军事政府的分割统治之下。德国教育随即在战争废墟上开始恢复。当月，柏林市就开始实施教育改革，颁布了《德国学校民主法》；同年10月，巴伐利亚州要求复课的申请得到军事政府的批准；黑森州作为战后德国的第一个州，于1946年12月1日率先颁布了《宪法》，其中规定：所有公立学校免收学费和教材费；保证"家长在教育中的共决权"；"人格教育的目的是：把年轻人教育培养成为具有崇敬和博爱、尊重和容忍、守法和诚实等道德品质的人，使其在职业能力和政治责任方面做好准备，以便独立和负责地为民族和全人类服务。历史课必须真实地、毫无歪曲地阐述历史。首先应予介绍的是人类伟大的行善者，以及国家、经济、文明和文化的发展，而不是军队、战争和战役。不能容忍危害民主国家基础的思想"。该州总理卡尔·盖乐强调："我们德国人面临着人格教育的任务。……应该对我国人民的精神和灵魂进行改造。"翌日，巴伐利亚州也颁布了《宪法》，在其第131条中规定："学校不应仅传授知识和能力，也应培养心灵和性格。教育的最高目的是：崇敬上帝、尊重宗教信仰和人的尊严、自制、责任感和乐于负责、乐于助人和接受一切真善美的东西。……应以民主的精神、民族和解的精神和对巴伐利亚家乡和德意志民族的爱心，去培养教育学生。"时任巴符州文教部长（后作为联邦德国第一任总统）的特奥尔多·豪伊斯在新成立的师范学院向教师发出呼吁："我们经历了无数文明价值的崩溃并面临着非常艰巨的任务。……尽管经历了这一切，怎样才能具有决定性地创造作为一名德国人而感到自豪和谢意的德意志民族感情的形式和内容？"他认为：盟军的军事政府一方面"是军事上彻底胜利的执行机构"，另一方面同时也"是使德国人成为新人的帮助力量"。

复课初期最大的困难是缺乏合适的教材、合格的师资和足够的校舍。各军事占领区政府强令：必须严格审查纳粹时代的教材，凡有宣传、美化纳粹，鼓吹战争，煽动民族情绪等内容的教材一律禁止使用，不得聘任纳粹分子为教师。宣扬民主法制、推行"非纳粹化"政策、在意识形态方面对德国人进行改造，构成战后德国初期社会教育的基本内容。

1948年2月，各军事占领区的州文教部长在斯图加特—霍恩海姆召开第一届全德各州文教部长会议，讨论战后德国教育的协调、改革、规划和发展等问题。在会上决定成立全德各州文教部长联席会议常务秘书处，秉承德国魏玛共和国时代民主分权的教育管理传统，从体制上确定了战后德国教育主权由州管理的基本框架。

1949年9月，英、法、美军事占领区合并建立了德意志联邦共和国。联邦政府未设教育主管部门，《基本法》仅明确了国家—通过州—对教育，即学校教育和人格教育的监督权。随着其民主法制国家体系的形成，为适应战后德国经济飞速增长及其依赖人才的迫切需求，德国的教育作一系列相应的改革与调整，得到了长足发展。教育的国家化和法制化日益明显。联邦政府于 1969 年设立了联邦教育科学部，并颁布了相关法规，以加强联邦政府对各州教育发展的调控能力以及更进一步促进全德教育，特别是在校外的职业教育和继续教育领域中的同步发展。1973 年 5 月，联邦德国各州教育部长联席会议第 824 号决议，将各州教育立法中关于学校教育和人格教育暨社会教育的目标的不同表述，统一归纳为九个：

1. 传授知识、技巧和能力；

2. 培养独立的评判、自我负责的行动和创造性的工作能力；

3. 培养自由和民主的觉悟；

4. 培养忍让、尊重他人的尊严、尊重他人的信仰；

5. 激发民族和解的和平思想；

6. 宣传伦理标准以及文化和宗教的价值；

7. 激发参与社会活动的积极性和政治责任感；

8. 能够了解社会中的权利与义务；

9. 了解劳动世界的条件。

为此，联邦和州、市（区）、县（乡）各级政府的机构作了相应的分工与合作：

在联邦一级，学校教育由联邦教育、科学、研究与技术部负责协调，学校教育以外的社会教育，则由联邦内政部、联邦青年、家庭和卫生部、联邦劳动部、联邦经济部、联邦食品、农业和林业部等负责协调；

在州一级，除巴伐利亚州将幼儿教育和学校教育统归州文教部主管、学校教育以外的社会教育，则由州劳动和社会部等主管外，其他各州将学校教育归州教科部主管，将学校教育以外的社会教育，统归州青年、社会部、经济部等主管；

在市（区）和县（乡）一级政府中设相应的机构，如：市（区）和县（乡）文教局、劳动局、青年、家庭和卫生局等，从而形成国家对学校教育和社会教育的联邦、州、市（区）和县（乡）三级管理的督导体制。

此外，还有各种联邦、州、市（区）和县（乡）一级的公法以及司法机构，如：行业工会、工商联合会、工人福利联合会和基金会，以及教会、企业、协会和专业培训设施等，依照国家的法规从事社会教育，融会成官民并举、公私合营、城乡互联的社会教育网络。

政府机构直接从事社会教育所需的经费及其对公法机构从事社会教育给予的全额和差额补贴纳入国家财政预算，其他司法机构用于从事社会教育的经费来源渠道比较多样化。如：教会宗教税、学费、门票收入、企业投资及其经营盈利、接受捐赠，广告收入等等。对从事以教育、科学、文化、体育、宗教、民族和解、生态环境保护、爱国主义、妇女解放等为内容的社会教育的公益性社团机构，国家按照税收法给予享受免纳多种税款（所得税、经营税、增值税、财产税、地皮税和房地产购置税）的优惠，企业向从事社会教育的公益性社团机构提供的捐款可计入企业的经营成本，冲抵部分应纳所得税款。

德意志民主共和国成立于 1949 年 10 月，是第二次世界大战结束后苏联军事占领区，即原东部五个州和东柏林的组合体。民主德国政府按照苏联的教育模式在教育领域进行了大刀阔斧的改革，建立了新的教育体制，对社会教育也注入了新的内容。与联邦德国的社会教育相比较，民主德国的社会教育侧重维护执政党和其所代表的阶级的整体利益、宣传无神论、摒弃私有制。

尽管两个德国的社会制度不同，但它们有着共同的历史文化和传统价值。因此，始于 1989 年的两德统一的进程非常顺利，不流血地彻底更新了社会制度以及政权，东部地区几乎完全引入了西部地区的教育体制，实现了全德社会教育的同一化。

三、日本社会教育的历史发展过程

（一）日本社会教育的产生

日本具有近代意义的社会教育产生于明治初期。在产生初期，社会教育事业主要体现在民众教化事业和文明开化事业之中。

民众教化事业以明治三年（1871 年）开展的大教宣布运动为代表。大教宣布运动以国家意识形态为核心，立足于排佛、反基督教的立场，教化神道意识形态，故又称神道国教化运动。开始这一教化运动是强迫性的，后来就渗透于民间的社会教育活动之中。开化启蒙与民众教化混杂于一体，形成了战前日本社会教育的典型的教化形式。

社会教育被日本教育部门所认可的时间是 1886 年。那时社会教育被称为"通俗教"。

"通俗教育"体现为以地方教育会为中心开展的活动和地区青年会活动。地方教育会是民间组织，在明治十年（1878 年）至 20 世纪 20 年代在日本全国各地组成，是以属于这些教育会的教师为中心，开展以学生家长为对象的讲谈会、谈话会、幻灯电影会等集会活动的组织。地方教育会意在加深学生家长对教育的认识，从而达到促进儿童就学的目的，是提高就学率的一种手段。地区青年会则以被排斥在公共学校组织之外的农村青少年为对象，为不能就学的青少年提供义务教育补习，满足不能升学的青少年继续求学的学习要求和开展"改善民风"、"矫正恶习"的教化活动。

（二）战前的日本社会教育

日本社会教育在行政上得到重视并由政府采取措施是在 20 世纪初。

1905 年以普通学务局局长名义向地方长官发布了《关于奖励、培育地区青年会等青年团体的通知》。1911 年设置了"通俗教育调查委员会"。该委员会下设三个部：第一部分管读物的选定、编纂和悬赏募集、通俗图书馆、巡回文库、展览会；第二部分管视听教育，负责幻灯、电影片的选定与协调、说明书的编纂；第三部分管有关讲演会的事项以及讲演资料的编纂，此外还负责"有关通俗教育事项的调查审议"任务。从被分管的事项分配中，我们可以了解当时通俗教育活动的特点：中央集权的教化主义。

在当时是为防止社会主义与自由主义思想的传播。

教化活动是通过成立半官半民性质的教化活动团体而开展的。被称作团体中心主义方法。由内务省开展的地方改良运动，是 20 世纪初重要的社会教育活动。其动机是为了稳定农村共同体秩序和唤起民众的军国主义和民族主义意识，为全面战争做准备。文部省的通俗教育活动，也是这一活动的追随。这些活动，标志日本社会教育基本形成。

"社会教育"一词是在 1921 年被正式采用，与此同时，"通俗教育"说法被取消。1923 年文部省成立"社会教育科"，掌管社会教育事务。1925 年日本政府公布《地方社会教育职员制度》，日本社会教育行政制度基本确立。

1929 年在全国范围内开展了教化总动员运动。1932 年，农林省和内务省推行了农村经济更生运动。1937 年，内阁会议颁布《国民精神总动员实施纲要》。目标是发扬"举国一致，尽忠报国，坚韧持久"的日本精神，建立官民一体的体制，推行军国主义。在战争中，随着教育本来意义的丧失，文部省的社会教育局也就失去了存在价值。1942 年 11 月宣告解体。

(三) 战后日本社会教育的发展

1. 占领初期的社会教育重建

重建时期，首先恢复了社会教育局（1945年10月），确定了"至诚维护国体"，以民主主义、和平主义的精神取代军国主义、国家主义的思想。1946年5月，发布了"新教育方针"，提出"需要对一般的社会人施以公民教育"。主要采取了如下措施：

一是向社会开放学校。1946年4月，文部省要求各级各类学校配合社会教育，向社会开放并动员教师举办各种讲座。建立了"旁听生制度"，开设了地方民众大学、母亲学校、双亲学校、社会学校、文化讲座、专门讲座、暑期学校。

二是创建地方公民馆。1946年7月，文部次官发布"关于公民馆的设置与运营"的通知。公民馆被构想成兼有社会教育、社会娱乐、振兴自治、振兴产业、培养青年等各种职能的振兴乡土的中心机关和综合性文化设施。在1949年就有40％的镇村设置了公民馆并开展公民馆活动。

三是建立家长与教师联合会（PTA）。PTA是根据美国教育使节团提出的建议建立的。PTA的职能是使学生家长与教师能及时沟通情况，解决学生的学习、生活以及校外的家庭教育方面的问题。1947年3月文部省发布提倡在中小学普及PTA的通知和宣传资料。

四是开展普及新宪法和新生活运动。这是为了普及新宪法精神而采取的措施，同时还开展形式多样的"建立新日本国民运动"。

五是教育立法和推进教育行政民主。1949年《社会教育法》颁布。1946年以来设置了12个社会教育委员和各种社会教育委员会，以能充分反映民意。战后的社会教育走上了法律主义发展道路。

2. 20世纪50年代的社会教育政策调整

20世纪50年代日本的社会教育政策调整主要表现在对社会教育行

政权限的强化，出现了中央集权化的倾向。1959 年大幅度修改了社会教育法，强调了社会教育行政对国民社会教育的责任，强化了行政权限的指导体制，完成了社会教育政策的中央集权化转变。

3. 20 世纪 60 年代日本社会教育的新课题

20 世纪 60 年代在"经济增长第一主义"政策下，日本教育以"人力开发论"和"教育投资论"为指导思想进行了重新改组。而经济迅速发展带来的社会结构的变化，给社会教育提出了新课题。因此，20 世纪 60 年代是日本摸索新的社会教育内容与形式的新时期。城市化、工业化、信息化要求开发新的社会教育形态与方法。

这个时期日本教育部门制定了一系列新的法规和政策，从而改善了城市社会教育设施、扩充了函授教育，各种学校充分利用广播电视以扩大个人学习机会。社会教育局里增设了妇女教育课和青少年教育课，以特别加强妇女教育和劳动青少年教育。这是"少子化"和家庭现代化提出的新课题。随着老龄化问题日益突出，1965 年还开设了老年人学级。

4. 20 世纪 70 年代以来日本社会教育的扩充

从 20 世纪 70 年代以来至今，日本经济陷入低增长的"怪圈"，社会各个方面都发生了深刻的变化，教育的基本课题就是应付这些变化，求得社会更大的发展。日本教育史上第三次教育改革的序幕也在这一背景下拉开，社会教育以扩充教育职能和设施为改革方向。具体措施如下：

第一，增加经费，扩充设施；

第二，扩展社会教育的途径；

第三，加强对在学青少年的教育；

第四，实施终身教育新事业；

第五，强化社会教育行政的指导体制。

在 20 世纪 70 年代，社会教育费增长了 5.4 倍，公民馆设置率达 91.1%，建立了全国新媒体教育网络，开设了广播大学，促进了大学向社会开放。1975 年建立了国立少年自然之家。终身教育新事业主要有提供终身教育信息，实施促进青少年地区活动（故乡活动）的事业和促进志愿者活动的事业。妇女志愿者活动从 1971 年开始，老年人志愿者活动从 1978 年开始。1972 年度设立社会教育指导员制度。1974 年建立派遣社会教育主事制度，强化了社会教育行政。

四、俄罗斯社会教育的历史发展过程

（一）苏俄时期社会教育的地位和作用

社会教育工作是旨在沟通家庭、学校和社会，改善人与其周围生活环境的关系，协调并调动一切影响人的个性发展的文化教育因素，提高社区成员生活质量的一体化教育组织形式。[①]

俄罗斯社会教育工作可以追溯到 20 世纪二三十年代，当时苏联的学者就提出过构建"环境教育学"的设想。认为人的个性形成、发展与完善和所生活的周围环境密不可分。学校虽是环境中的重要部分但并非是唯一和全部，学校教育只有参与环境并取得它的支持，在"新人"的形成中才能发挥应有的作用，不过这一设想还只是初步的。由于 20 世纪 30 年代以来国家将教育的重点放在普及学校的义务教育上，加之忙于战备和社会主义经济建设，"环境教育学"未被置于重要地位。20 世纪 60 年代苏联大中城市的一些小区出现了以组织社会教育工作为目标的专职人员，他们的职务称谓不一，如"课外校外工作组织

---

① социальная служба：состояние и тенденции развития《Педагогика》，1992，P. 3—4.

者"、"社区教育服务组织者"、"学生家庭教导员"、"少先队俱乐部领导"等等。而实际上他们都有一个统一的名字,即"社会教育工作者"或"社会教师"。

这一时期的社会教育工作尚处于自发状态,集中表现在以下三个方面:第一,缺乏组织保证,社会教育工作者基本上是自愿的,没有规范的组织和领导机构;第二,缺乏干部保证,还谈不上社会教师的培养问题;第三,缺乏财力支持。[①]

(二)苏联 20 世纪 60 年代后的社会教育改革

1958 年后苏联教育经历了多次改革,重要任务即对包含社会教育的重要形式——连续教育的理论进行系统的阐释和定位。1984 年教育改革的显著特点是强调对教育的综合和整体的观念。即一方面要把教育的各个环节看作是一个整体;另一方面教育是社会的有机组织部分,处理学校教育的问题要与整个社会各个环节结合起来通盘考虑。1986 年后在戈尔巴乔夫"社会人道化"思想的指导下,苏共中央 1988 年 2 月全会提出的一项现实任务是实施苏共二十七大关于在全国建立以中等教育为基础的连续教育体系和一种内容包罗万象的连续教育体系。[②]前者包含教育和培养的所有环节即学前和校外教育机构、普通学校和职业技术学校、干部的进修和轮训系统。后者意味着有必要建立一个多方面的教学中心网络,它将保证数千万的各种水平的劳动者能够不断提高自身业务水平,为每个人提供通过多种形式(如校外考试考生制、政治和经济学生系统、人民大学、各种训练班和讲座等)不断补充知识的形式。更积极地利用大众信息手段,特别是电视和图书出版

---

① 刘振天:《实践一体化教育模式:俄罗斯的社会教育工作》,《外国教育研究》,1994 年版,第 4 期。

② 杨德广、王一鸣主编:《世界教育兴邦与教育改革》,同济大学出版社 1990 年版,第 30 页。

事业。连续教育体系将学前教育、普通教育、职业教育、高等教育和不断丰富工人及专业人员的知识，提高其业务水平有机融为一个整体。[①]

（三）俄罗斯联邦时期的社会教育述略

20 世纪 80 年代末 90 年代初俄罗斯社会教育工作获得了迅猛发展，国内开始建立社会教育服务分支机构。1990 年，前苏联国家劳动与社会问题委员会批准了新的职务岗位，这就是"社会教师"和"社会工作者"。原苏联国家教育委员会颁布了"关于培养社会教育工作者的新规划"的决议。同时，在法律上承认了早先成立的全苏、共和国、边疆区以及州市各级"社会教师和社会工作者联合会"的地位。1992 年 1 月 29 日俄联邦总统叶利钦发布命令，成立总统所辖的关于"家庭、母亲和儿童协调委员会"，命令明确了协调委员会的重要任务就是建立家庭保护体系。在 1992 年 7 月 1 日"联合国儿童保护日"这一天，俄联邦发布了《关于在 90 年代最大程度地实现保障儿童生活，保护和发展儿童权益的世界宣言》的第 543 号总统令，其中第 4 条规定，要促进建立和加强新型的家庭和儿童社会帮助机构网。

1992 年 7 月 10 日，俄罗斯颁布《俄罗斯联邦教育法》，其中第二章第 26 条提出"补充教育"的概念。补充教育是俄联邦相互衔接的教育体系中培养方向总和的一个层面。提供补充教育服务的目的是全面满足公民、社会、国家对教育的需要。补充教育机构包括进修机构、训练班、职业定向中心、音乐美术学校、儿童创造之家、少年科技站以及其他拥有相应许可证的机构。

无论连续教育还是补充教育，都涵盖了社会教育所具有的丰富的教育形式和教育内容。上述文件及法令的颁布使社会教育工作有了法

---

① 同上，第 34 页。

律的、组织的、行政的和财力的保证，使其活动范围和深度得到了新的拓展。

补充教育对基础教育而言可促进儿童对所学专业有意识地进行选择，提供给孩子和家长确定下一阶段选择教育类型的可能性。使学生能体验、认知自己对某种紧张智力活动的倾向性，检验自己是否拥有发展这种紧张智力工作的潜力及心理和身体的条件。

学校的补充教育体系不同于其他机构的补充教育性质，它客观地与基础教育联系在一起。今天的俄罗斯处于新的教育情境之中：教育手段的人文化、宽泛的文化背景、儿童天赋发展的无限性、儿童自我确立和自我实现的可能性。补充教育可帮助学生在劳动市场和职业定向中发展自己的能力。同时补充教育填补近年来学校课外活动范围内形成的真空地段，为形成俄罗斯教育空间和文化环境的统一起到了积极的作用。

苏联解体后，俄罗斯社会发生了深刻的变革。在社会重大转折时期，社会发展和变革所带来的负面影响如经济危机、通货膨胀、社会犯罪、家庭破裂、吸毒等问题加重了人的心理负荷。这种心理冲突单靠自身和传统的学校教育均无法缓解、消除，客观上需要一种新的活动形式帮助居民解脱这些问题。这一应运而生的社会教育工作可以通过开展多方面的居民社会帮助活动（教育心理的、社会咨询诊断的、劳动及闲暇的、体育保健的、经济及法律的、医疗的等等），防止、缓和、减少和消除人与人之间，人与环境之间的种种冲突，挖掘每一个人的潜力，发展每一个人的创造精神，丰富他们的个性，顺利实现个体的社会化目标。

第二章　各国的社会教育机构与设施

　　社会教育机构和设施是实施社会教育的媒介和手段，又是社会教育构成的重要因素和开展社会教育的必要物质基础。社会教育事业的发展水平与社会教育机构与设施的完善程度、水平（包括数量和质量）是密切相关的。因此，社会教育机构与设施的完善程度、水平又往往被看作是社会教育事业发展水平的重要标志。良好的社会教育机构和设施，可以推动社会教育事业的发展。

　　世界各国的社会教育发展背景、文化传统、民族特点等方面存在很大的不同，在发展社会教育的过程中，采取的政策措施又不尽相同，所以，各国的社会教育机构和设施都各具特点。因此，对各国实施社会教育的机构和设施进行考察与研究，对于研究社会教育理论和促进社会教育事业的发展，都具有十分重要的意义。

一、美国社会教育的机构与设施

　　美国的社会教育机构极其多样。这和美国人习惯上把与人们生产、生活相关的场所、事物都视为可以对人们进行教育的资源，把教育活动视为获得自由和信仰的工具而自发举办教育事业的传统有关，更与现代美国经济和社会发展同教育活动的联系日益紧密。各种社会机构或组织积极为广大社会成员提供教育服务的努力分不开。当代美国社会教育主要包括成人教育和儿童、青少年校外教育，美国学者也一般按活动对象将社会教育机构分为成人教育机构和儿童、青少年校外教育机构两类，二者各成体系，特点不同。当然在有些情况下（如图书馆、博物馆、科技馆、公园等文化机构或场所是向几乎所有人开放的）二者无法截然分开归类。在此主要对成人教育机构体系进行分类说明，并就有代表性的机构加以介绍，最后介绍一些有代表性的儿童、青少年校外教育机构。

（一）美国成人教育机构分类

美国成人教育机构多种多样，为了便于说明，我们按照成人教育职能在成人教育机构中的地位不同，将它分为四类：即独立的成人教育机构、学校教育机构、半教育性机构和非教育性机构。下面分别加以说明。

第一类是独立的成人教育机构，成人教育是这类机构基本的或唯一的职能。其中免费大学现有200所，设置工艺和实用技术方面的广泛课程，没有学分，也不发证书。私立成人学校在20世纪90年代初有9 000所，几乎是学院和大学的3倍，约有成人学生120万人。校外学位机构最基本的特点是，签发证书主要依据学生所学到的知识和工作能力，而不管学习时间、地点和方法，只要学员通过结业考试就给予学分，当各种学分达到规定要求就授予学位。

第二类是实施成人教育的机构是正规学校，成人教育是这类机构的第二种职能。由于颇具美国特色，故将单独对之加以讨论。

第三类是半教育组织，成人教育只是这类机构的一个补充性职能。其中，文化组织向公民传播信息或知识，人们一般是无意识地或非正规地学到了东西。公共图书馆、博物馆都是成人学习的极好场所，大众媒体也是成人学习的极好资源。社区组织为社区的成人提供多种学习机会，每年约有1 100万人参加这类教育活动，其中教会发挥了主要作用。

各种职业协会成千上万，都部分地从事与继续教育有关的活动，以促进其成员的专业发展。

第四类是非教育性组织，成人教育是这类机构的一个附属的支持性职能，即这类机构按各自需要对其成员进行在职培训。其中，工商企业实施的成人教育很有特色，也在后面作以单独讨论。

美国军队可以堪称全美最大的在职培训单位，有学者统计每年有100多万军人从国防部办的5 000个短训班毕业，同时约有50万现役军人就读于1 000多所地方院校设置的课程。

工会组织在成人教育中发挥着巨大作用。其内容包括：学徒培训、工人教育、劳工研究。仅"学徒培训"每年就有 50 万人参加。在 200 个全国工会和国际工会组织中，25％拥有自己的教育部门进行"工人教育"。现已有 40 所左右院校开设劳工研究学位课程，参加的学员大多数是工会雇员或工会会员。

美国联邦、州和地方政府的雇员约有 1 500 万人，占全国劳动人口的近 15％。各级政府每年都为自己的雇员举办在职培训或各类教育活动。据 20 世纪 80 年代统计，全国 280 万联邦雇员有近 20％参加有组织的教育活动。

总之可以说："事实上，没有哪一种组织至今还未开展成人教育。"[①] 正是众多的成人教育组织（机构）培育了成人教育，使成人教育活动得到了有效开展。

为了从整体上了解美国成人教育机构的体系，特列表如下。

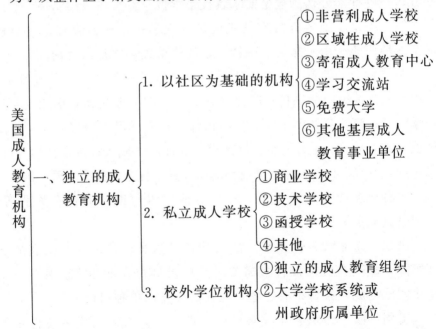

美国成人教育机构 —— 一、独立的成人教育机构

1. 以社区为基础的机构
①非营利成人学校
②区域性成人学校
③寄宿成人教育中心
④学习交流站
⑤免费大学
⑥其他基层成人教育事业单位

2. 私立成人学校
①商业学校
②技术学校
③函授学校
④其他

3. 校外学位机构
①独立的成人教育组织
②大学学校系统或州政府所属单位

---

① ［美］达肯沃尔德·梅里安著、刘宪之等译：《成人教育——实践的基础》，教育科学出版社 1986 年 4 月版，第 238 页。

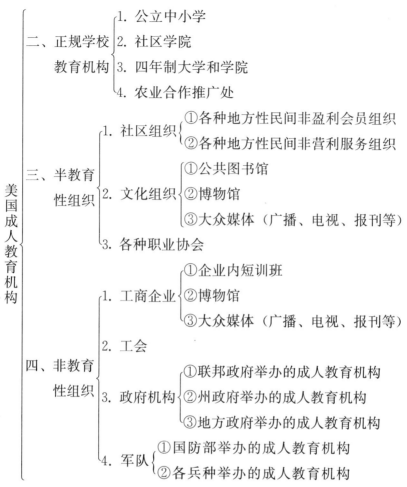

表 1. 美国成人教育机构分类（转引自顾美玲："战后美国成人教育的发展及其评论"，《四川师范大学学报》1990 年第 1 期，第 27 页。）

（二）正规学校系统实施的成人教育

据统计，1974－1984 年的 10 年间，美国参加继续教育的成人以每年 100 万的速度递增。到 1984 年，参加成人继续教育的成人已达 2300 多万，占所有成人的 13％。在这些成人中，有几乎一半是在正规学校系统中接受教育或进行学习的。而在正规学校系统中，中等后教育机构如两年制学院和四年制大学或学院提供的成人教育占很大比例。应当说，美国正规学校系统是实施成人教育的一支主力军。

下面对几类学校实施成人教育的情况分别作以介绍。

1. 公立中小学实施的成人教育

公立中小学的成人教育是适应19世纪移民美国化的需要而发展起来的，其主要形式是夜课。此后，公立学校一直是实施成人教育的重要机构（尽管近些年来其成人学生比例略有下降）。正如美国全国公立学校成人教育联合会所明确指出的："向成人提供教育是公立学校向公众提供的一种必不可少的服务项目。"

重视基础教育和补习教育是公立学校成人教育的一大特点。二战以后，其成人教育课程有了大量增加，20世纪80年代以来，它趋向侧重反映当地社区的需要。其教学计划包括职业训练、成人基础教育、第二语言的学习、公民权利和义务教育、中学课程补习、个人兴趣和个人丰富课程等。其中，补习课和职业课程还得到州和联邦政府的大量资助。目前，公立学校一般办有日课班和夜课班，有的还办有周末班，为地区各种年龄的人提供学习机会。

2. 社区学院实施的成人教育

社区学院适应了美国社会急剧变化的需要，因而发展极快，从1900年初创时期的8所，发展到2010年的2 236所。它是美国实施成人教育最重要的机构之一。它立足于满足社区需要、为社区服务和建设社区的宗旨，贯彻终身教育思想；从开始的招收中学毕业生，到向社区所有成人开放，使它的职能进一步综合化。社区学院对成人学生提供以下广泛课程：成人基础教育课程、中学相同程度课程、不计学分的个人发展课程、第二语言课程、职业培训以及为已获得较高学历的人员提供专业继续教育。例如对律师、牙医、工程师等提供专业继续教育。一些社区学院还针对某些特殊人员设置课程，如为老年市民、"回归妇女"、单身父母、工会成员、智力迟钝的成人、聋哑成人以及囚犯等设置他们所需的课程。社区学院很注意把教育与社区发展有机结合起来，设置符合本地区需要的专业课程，满足地区对专业人才的要求。因此，它将成人教育、普通教育、职业教育三者有机地结合起来了。

社区学院还发展了灵活的组织形式进行成人教育。教学形式有研究班、实验班、专题讨论、座谈会、电视课程、报刊课程以及计算机辅助课程，并运用新的技术影响成人学生。学习场所校内外均有，其中部分课程是在工厂、办公大楼、医院、教堂、图书馆、监狱和其他校外环境中进行的。时间上有全日制、部分时间制、夜间制，甚至开设周末课程，学业上有获副学士（协士）的，也有不计学分的学习。加之社区学院还具有"门户开放"、实行走读、收费低廉等优点，因而它比其他任何大学更能反映出终身教育的思想，它为一切有学习要求的成人敞开学院大门。

3. 四年制大学和学院实施的成人教育

到 1994 年美国四年制大学和学院 2190 所，其中绝大部分院校开办成人教育，主要是设置继续教育部、继续教育学院或继续教育中心来实施成人教育。

由于这类院校大部分是私立的，不受政府支配，所以在任务、结构、计划及入学者诸方面都存在较大差异。不过，其设置的成人教育课程仍可主要分为不计学分课程和给学分——学位课程两种。前者一般是开放性的，入学必须考试，学院规定课程经考试合格就发给证书。后者入学则要经过考试，学满规定学分后，便可取得毕业文凭和学位。

不计学分课程由来已久。早在 1816 年，拉特格大学就为成人开设了不计学分的科学课。19 世纪 30 到 40 年代，耶鲁、哥伦比亚、哈佛等大学也提供了同样的科普课。到 1968 年，已有 628 所四年制大学和学院提供不计学分的成人教育活动，1976 年，则猛增到 1 238 所。

四年制大学和学院不计学分的成人教育活动与社区学院的主要差异在于：前者很少关注成人基本教育和非专业性职业教育，但却很注意下列专业的继续教育，它们是：社会工作、医学、牙科学、法律学、药学及商业经营。大多数规模较大的大学里，继续专业教育被视为非学分计划的"基本内容"。近年来，由于继续专业教育日益显出其重要性，大学和学院开展的继续专业教育已成为美国成人教育中发展最快的一部分。

学分—学位课程传统上由四年制大学和学院开设的夜校提供。这类夜间学院也称为继续教育学院或大学。学习这类课程的成人学生修满一定数量的学分，就可获得相应的学位。战后这一类课程一直在不断增加。据 20 世纪 70 年代中期的一次调查，在四年制大学和学院里，"非传统性"学分—学位课程约有 300 种。目前趋势是：成人在获得大学和学院的学位方面，学习地点和学习方法将更加灵活。

美国四年制大学和学院与社区学院一样，其大门是向成人敞开着的。

4. 农业合作推广处实施的成人教育

历史上农业合作推广处在业务上主要由当地学校负主要责任，故可认为它是大学成人教育的一种特殊情况。

1862 年通过的《摩雷尔法案》带来了美国高等教育的一场革命，由此形成工农学院开展成人教育的传统。创建于 1868 年的康奈尔大学更是开创了"使科学直接服务于农业和其他生产劳动"的先河。创建于半个世纪之后的农业合作推广处则发扬光大了大学为工农服务的传统，对农业发展起了重要的推动作用。

农业合作推广是由联邦、州和地方以各州当地大学为基础进行的一项合作事业。这种合作体现在资金和计划制定方面。在资金方面，其经费的 1/3 由联邦政府，其余 2/3 由州、地方政府拨款支持。在计划制定方面，各州农业合作推广计划，由大学在业务上负主要责任。每年的计划由大学与地方政府、农民组织及当地选民协商制订，农业部则负责提供指导并批准和监督计划的执行。

该组织推广的项目主要有四种：农业和自然资源、家政、青年"四健全"发展，以及社区资源发展。这些项目是唯一把目标放在广泛的社会发展上的全国性计划。农业合作推广处除了把最佳的实践模式和最有效的生活方式推广到整个社区之外，还通过大学的农业实验站和其他部门开展研究工作。上述四个项目的专家以大学为基地，利用其科研成果来培训县级工作人员和其他人员，然后再由这些受过培训的人员直接向公众提供非正规的不计学分的课程，以满足成人对知识的需要。每年有好几百万成人参加农业合作推广处的教育活动。由于该组织在美国成人教育发展中的独特作用和效果及其重要意义，它已成为美国大规模的成人教育机构。

（三）工商企业实施的成人教育

美国目前约有 3 200 多万人在拥有 500 以上雇员的大中型企业工作。雇主们都非常重视对职工的培训，加之联邦政府对此也大力支持，允许企业的继续教育经费列入成本，免于征税。因此，工商企业投资举办的教育已变成"国家教育体系的一部分，一个重要分支"。每年参加这类学习的成人达数百万人。美国卡耐基基金会 1985 年发表一份报告说："越来越多的美国工商企业重视智力投资，对雇员进行专业和普及教育。"据统计，在 1990 年这项教育经费达 2 000 亿美元，相当于美国正规学校系统的教育经费。

工商企业对职工采用多种多样的培训方式，大致可以归纳如下：

第一种形式是在企业内设以不计学分为主的短期培训班，进行与所从事工作有关的技术培训。这种在职培训，一是对新职工进行上岗前培训，使其获得从事本职工作所需要的知识和技能；二是在采用新技术、新工艺或推出新产品时，先培训一部分骨干，再由他们去指导其他的人；三是重视培养技术工人的后备力量，使技术工作后继有人。总特点是密切联系本企业生产的需要，注重实效，使职工在本职工作方面跟上最新水平。

第二种形式是企业采取自己办学,进行授予学分的在职培训。据统计,85％的美国大企业都开设某些教育课程,有计划地向本企业职工传授知识和技能。目前,约有400家大企业自办"大学"、"学院"或"教育中心",开设的课程也数以千计。其中著名的有贝尔公司自办的凯利学院,美国无线电公司开办的学院和美国通用汽车公司开办的学院等。

在企业自办的高等学校中,还设置有授予协士、学士甚至硕士学位的课程。计算机制造公司王安实验室创建的王安研究生院,1983年春首次颁发了五个软件工程学硕士学位。目前,已有100多家工商企业开办的1 100多种课程经美国教育理事会批准为学分课程。

第三种形式是企业与高等院校和其他教育机构协作,为职工提供进修机会。企业与高等院校之间加强横向联系,这实际上也是美国高等教育的发展趋势之一。

其协作途径如下:一是高等院校根据需要为企业职工提供可在本企业内修完的各类课程,甚至提供全套学位课程。著名的贝尔实验室就与麻省理工学院、斯坦福大学、加州大学伯克利分校等37所高等院校合作,从其职工中培养研究生。其他教育机构,如中等学校则为工商企业职工提供基础教育、高中补习和职业训练。二是由企业和学校共同授予学分、学位。许多有影响的大企业和高等院校一起对学员进行考核,根据学分积累而授予各级学位。极富特色的是,在职人员的工作经历和经验也算作学分积累的一部分,而且在授予学位时,还把对实践的考察作为一项重要内容。

第四种形式是由企业出资,供在职人员到企业外的高等院校去深造,学习本企业急需的专业知识和技术。据统计,接受雇主出资,到企业外进行培训的人员在高等院校中学习的占其总数的近70％。

总之,美国工商企业大力投资,举办职工培训,形成了一套独具特色的企业教育体系。这种多样式、多渠道、多规格、灵活实用的职业培训极大地提高了职工素质，从而也促进了企业的发展。

（四）儿童、青少年校外教育机构

美国也有许多儿童、青少年校外教育机构。这些机构根据儿童、青少年的身心发展特点和需要，寓德育、智育、体育于娱乐、游戏和实际活动之中。有些活动结合学校教学内容，注意知识性，培养求知欲，使他们动手动脑、开发智力。另外，通过儿童、青少年校外教育机构加强学校生活同成人社会之间的联系，还能培养儿童、青少年的社会适应能力。在此只列举三类有代表性的机构。

1. 儿童、青少年博物馆

儿童、青少年博物馆全国约有 500 多座。其中规模最大的是印第安纳波利斯儿童博物馆，它占地 5 英亩，每年的观众多达 150 多万人次。历史最悠久的当数布鲁支林儿童、青少年博物馆，至今已有 100 余年历史。博物馆在展品的收集和布局上精心设计，力求寓教育与学习于玩具展品之中。

2. 儿童、青少年校外俱乐部

全国有近 1500 多个俱乐部。它们为 6 至 19 岁的儿童、青少年提供参加文娱、美术、音乐、体育、球类、舞蹈等有益活动。这些俱乐部的中心设在纽约，各州和地方均设有分部并保持联系，会员有近百万。

3. "少年城"

"少年城"多为孤儿、被虐待或被遗弃的孩子、弱智儿童、缺陷儿童与有问题行为以及吸毒的儿童、青少年设置。它最初是由弗莱纳冈于 1914 年创办的，当时主要是针对无家可归儿童、犯罪青少年等提供生活和教育的场所，起到收容、感化、矫正等多方面功能，是儿童、青少年的综合社会教育机构。目前"少年城"占地面积已达 1 500 英亩，变成了自成一体的村落。城里设有商店、街道、警察、邮局、游乐场、影院、法庭与行政管理机构等。由"少年城"经营的卫星城已经在佛罗里达州首府塔拉哈亚和奥兰多创建。

二、德国社会教育的机构与设施

1. 政治教育

德国的政治教育，实际上就是国家的政策教育。专门从事这项工作的机构是联邦政府下属的成立于 1952 年的"联邦家乡服务中心"，1963 年更名为"联邦政治教育中心"，总部设在波恩。该机构的任务是通过编辑、出版并免费发行各种印刷材料和电影片，宣传介绍德国社会概况以及政府的各项内外方针和政策，其目的是让公民了解和认识自己的权利与义务，加强依法参政议政的民主意识。

此外，联邦政府各业务主管部门也出版发行各种印刷资料，向本国公民以及外界宣传介绍联邦德国政府在某一领域的政策、实施措施、发展现状以及统计数据。国家和政府的首脑以及各业务主管部门的负责人经常接待大众传播媒体的采访，回答平民百姓的各种咨询，不失时机地向社会阐述政府的各项方针政策。

在德国，政治教育机构的教育内容有以下侧重点：

（1）民主法制——拥戴认同法制国家的政体及其理论和实践，绝不允许违宪、图谋用暴力推翻政府，坚决惩治"极左"和"极右"的犯罪行为，防止再度出现类似希特勒的独裁者窃取国家政权；

（2）正视历史——深刻反省德国发动世界大战给人类带来的惨重灾难，绝不允许在德国领土上再一次爆发战争，致力于德意志民族统一神圣大业，坚持民族和解政策，推进欧洲统一；

（3）教育科技——优先发展教育科技事业，将此作为对国家和民族未来的投资以及使其成为持续发展经济的强大推动力；

（4）保障人权——必须做到在法律面前人人平等，男女享有同等权利，任何人不允许因其性别、宗教、人种、语言、籍贯和出身、信仰或政治观点的差异而遭受歧视，或受到优待，婚姻和家庭以及儿童和母亲受到法律的特别保护；

（5）国情国策——清醒认识德国自然资源贫乏、人口密度大、工农业依赖进出口的状况，把发展经济、增强综合国力、提高人民的生活水平作为制定国家内外政策的基点和归宿；

（6）税务政策——不断强化公民作为纳税人的权利与义务的意识，培养公平既要按章纳税，也可依法管税的意识；

（7）生态环境——密切关注全球经济发展对人类生存空间所产生的负面影响，采取相应的环保措施，制定长远的发展战略；

（8）多元文化——宣传介绍世界文化的多样性及等值性，对外来文化应采取兼收并蓄和宽容的态度。

教育特点：

（1）涉及面广——融会贯穿在社会各个方面和各个阶层；

（2）全民意识——不允许藉政治教育谋取某一党派、团体和社会阶层的利益；

（3）重点突出——青少年可塑性强，加强对青少年的法制教育，事关民族和国家的未来；

（4）通力合作——政府主管部门、各党派、各社会团体、青少年组织和教会等社会教育的主体联系密切，相互支持，充分利用大众传播媒介的特殊功能；

（5）法制健全——有相应的法规已成体系，可操作性强，实施者有章可循，监督者有法可依。

2. 幼儿与家庭教育

在历史上，德国就有注重社会教育从幼儿和家庭抓起的特点。前述著名的德意志民族主义者、被称为"德意志体操之父"的教育家雅恩将"女子享有平等的教育权利"确立为民族教育的目标之一，就是出于少女所掌握的知识不仅于己、于其未来的婚姻和家庭、特别是于其子女将会有价值，而且于民族也将是有价值的考虑。

德意志民族著名的教育学家福禄贝尔于1837年设立幼儿园，开创了世界上以幼儿园的形式对儿童进行教育之先河。幼儿园的任务是对家庭的培养和教育进行补充。年满三周岁的儿童即可上幼儿园，一般为半天，学制三年，送孩子上幼儿园是父母的自愿行为。幼儿园通过集体游戏活动为主的方式促进儿童的身心发展，不采用小学校的教材和教学形式辅导儿童看图写算。

联邦德国在进入20世纪70年代以来的教育改革过程中提出将幼儿园作为学校教育的初级阶段。因此，幼儿园得到了很大的发展：1960年仅有1.229万所幼儿园，81.72万个位置；1970年则增加到1.7493万所幼儿园，116.07万个位置；1980年有2.3938万所幼儿园，139.25万个位置；至1990年两德统一前，已发展到2.5万所幼儿园，152.5万个位置，30年中翻了一番。据统计，三岁孩子的入园率约为75%，80%以上的五岁儿童在幼儿园接受启蒙教育。在教学中采用新教材和新方法——广播电视节目，如：德文版的"芝麻街"，童话故事等，受到儿童们的欢迎——目的是在传授知识的同时，丰富儿童的感情世界，培养他们在参与体育和音乐活动过程中的想象力和在集体中学习的兴趣。

为保证幼儿园的教学质量，对幼儿园的教养员实行公开招聘。应聘人六年制实科中学毕业后应有一定年限的实践经验，以及经过专科学校至少三年的心理学和社会教育学的专业学习，此后还需实习两年。在职期间还需要定期参加成人职业继续教育的进修培训。

民主德国实行全民低工资高就业的政策，自20世纪50年代以来幼儿园的网络化程度就很高，93%以上的适龄儿童都可以免费享受幼儿园的启蒙教育——堪称为"社会主义的成就之一"。

1990年两德统一后，原民主德国的幼儿园网络化管理模式在全联邦德国得到推广。1993年5月经修改后颁布的《儿童青少年帮助法》第24条规定：自1996年1月1日起，可以"合法要求"国家为每一个适龄儿童提供幼儿园位置。这样的规定在德国历史上是前所未闻的。

但是，政府办的幼儿园仅占其总数的四分之一。幼儿园的 70% 是由公益性的教会开设的，很少一部分幼儿园归雇员福利联合会、企业或私人所有。国家对各类幼儿园实行统一的督导和部分经费补贴（教会所属幼儿园的补贴出自教会宗教税），幼儿园根据儿童家长的实有资产及其工作收入情况收取学费，家长收入低的儿童免交学费，由所在地区负责青少年社会教育工作的管理机构代交。国家推行鼓励生育的政策，生育、或合法收养孩子的家庭可向所在地的劳动局申请发放子女津贴费（第一和第二个孩子各为 200 马克，第三个孩子 300 马克，第四个以上的孩子每人 400 马克），直至子女满 18 周岁，若在子女出生、或合法收养孩子的两年内不提出申请，则视为自动放弃。此外，愿意自己抚养孩子的家长还可申请直至三年的抚育假，在此期间，原则上不得被解雇。

　　家庭作为社会的最小细胞，对孩子来说，父母以"第一任教师"的身份任职于这个社会教育的"第一课堂"，其稳定性涉及并影响到社会的发展，因而受到普遍关注与重视。婚姻家庭、计划生育、孕期、产后、婴儿哺乳护理和幼儿及青少年心理等咨询，不再纯属医疗卫生健康领域，它已成为社会教育的重要内容。为此而设立的各种咨询机构，如：婚姻和家庭咨询站以及近年来增设的艾滋病咨询站等，得到各级政府部门的大力支持。各种大众传播媒体积极发挥其独特的作用，已将涉及社会教育"第一任教师"和"第一课堂"的教材及内容遍布社会各个角落。

　　3. 青少年教育

　　联邦德国现有人口 8 100 多万，其中 18 岁以下的人口占五分之一；27 岁以下的人口有 2 700 多万，约占人口总数的三分之一。从联邦、州、到市（区）和县（乡）政府都设立专门机构和款项，根据《青少年福利法》、《青少年法院法》、《青少年劳动保护法》、《传播危害青少年出版物法》和《公共场所青少年保护法》的有关规定，与学校、社会团体、企业和教会等部门合作，负责青少年的社会教育工作。其主要任务是：

（1）促进青少年身心的健康发展；

（2）资助青少年的体育活动；

（3）组织青少年的国际交往活动；

（4）促进青少年的政治教育；

（5）资助青少年的音乐教育；

（6）设立青少年业余手工劳动场所；

（7）设立青少年业余娱乐场所；

（8）关怀和帮助生理及心理残疾、孤身以及失足的青少年，使他们重新融入社会；

（9）采取各种文化、教育和社会措施，关心并帮助在德的外籍青少年融入当地社会生活。

城市各个社区以及县（乡）的青少年社会教育工作管理机构，按照上一级主管部门的要求，领导并通过青少年活动站，围绕着青少年社会教育的任务，组织开展一系列受到青少年非常欢迎的活动以及涉及维护青少年合法权益的工作：

——开办音乐学校和组织青少年合唱团。据统计，德国在 1995 年有近千所音乐学校，其中教员约 3.5 万多位、学员约 85.4 万余名。有 1.76 万多个合唱团，成员约 180 万名。

——成立体育协会，并组织体育运动会；

——开办戏剧舞蹈学校，成立歌剧舞蹈演出团；

——放映少儿电影；

——组织参加"青少年绘画"、"青少年科研"、"青少年演奏"、"青少年数理化等奥林匹克竞赛"、"青少年阅读"、"青少年写作"等全德性的 20 多项以及各州级的多项竞赛活动；

——举办业余手工劳动训练班，教授缝纫、烹调、修理等技艺；

——组织参观博物馆、展览会；

——组织境内外的漫游、考察和旅游；开设价格优惠低廉、卫生清洁的青少年旅馆，专门接待本国和外国的青少年旅游者；

——参加德国—法国和德国青少年协会的致力于民族和解的交流活动；

——组织参与反纳粹、反暴力、反吸毒、预防治疗艾滋病的宣传活动；

——参与对青少年的政治教育，增强青少年的公民及守法意识；

——协助监督职业培训和工作期间的青少年劳动保护措施；

——为失去父母的孤儿、为其父母的一方或双方不能履行教养义务的青少年、为其监护人不能履行教养义务的青少年、为离家出走的青少年，提供必要的法律保护（法定代理监护人）和财物救助（赡养费和住宿等）；

——协助青少年法庭对不同年龄的青少年的不同违法犯罪行为，采取不同的惩治措施：

（1）不满 14 周岁的儿童不承担法律责任，仅予批评教育；

（2）14～17 周岁的少年，可判最短一年至最长四年的禁闭；

（3）18～20 周岁的青年，可判最短半年和最长五年的监禁（资产犯罪可判十年监禁），或判最短半年至最长四年的监禁；特殊情况下，可按成人犯罪予以惩处；

（4）对监禁的青少年犯实施普通教育和职业教育。

青少年教育是德国社会教育中近年来越来越受到社会各界关注的重要组成部分。德国近、现代历史上的沉重包袱——对外发动侵略战争和对内实行纳粹独裁统治，战后经济的飞速发展以及两德统一导致东部地区社会政治制度的急剧更迭所带来的负面影响，增加了对青少年教育的难度。"丧失民族的凝聚力"、"缺乏精神寄托"、"反权威意识"、"对政治感到淡漠"、"贪图享乐的极端个人主义"、"对前途的迷茫"以及"仇外排外"等是青少年中较为普遍的思想情绪，以致青少年犯罪率的增高。多年来，德国各级政府、各党派、各社会团体、青少年组织和教会等社会教育的主体在青少年的教育方面作了大量的工作。

4. 成人教育和职业继续教育

在德国教育发展史上，与正规的学校教育相比，成人教育的资历较短。它是从19世纪市民的社交活动，如：读书会、文学协会、博物馆协会，以及教会组织的徒工协会等，逐渐发展起来的。到本世纪初，德国借鉴了斯堪的纳维亚国家从事成人教育的成功经验，将其国民大学的办学模式引入德国，使德国的成人教育有了很大的发展。至第一次世界大战前，全德国有8000多个成人教育的教学机构，在欧洲各国家中属领先地位。德国魏玛共和国时代的宪法中第148条规定："帝国、各州以及教会组织应资助国民教育，其中包括国民大学。"由于国家的重视，20世纪20年代成为德国成人教育大发展的历史时期，仅以国民大学为例。至1932年，全德国已开办了200多所国民夜大学。但在纳粹的统治下，成人教育的发展不仅在内容上受到影响，而且许多成人教育的教学机构关停并转，在数量上急剧萎缩。

第二次世界大战结束后，成人教育恢复和发展得也很快，至1956年，已有1 000多个成人教育的教学机构。此外，教会在成人教育方面也颇有成绩，新建了许多成人教育的教学机构。1960年1月，德国培养与教育委员会要求国家立法承认成人教育，把它视为教育事业整体中不可缺少的组成部分，并给予经费支持。从20世纪60年代末至70年代中期，各州先后对宪法进行修订，增加了关于成人教育和职业继续教育的条款，明确了成人教育和职业继续教育的任务、目的和办学条件，对成人教育和职业继续教育的教学机构予以承认和资助，使成人教育和职业继续教育走上了法制化的轨道。

作为最受欢迎和最具代表性的成人教育的教学机构国民大学，在两德统一后，发展产生了新的飞跃：据 1995 年的统计，全德国已开办 1 000 多所国民大学，其分校有 4 000 多个，遍布每一个城市的社区以及县（乡）。各国民大学是注册协会形式的相对独立的公益性法人机构，组成全德联合会，负责国民大学的教学与组织工作。约一半以上的国民大学都是由地方政府承办的，并提供经费补助。国民大学有专职管理和教学人员约 8 400 名（其中 5 000 多名女性），绝大部分教师是聘任的合同制兼职教师，约 18 万名。国民大学开设了 76 000 多门课程，参加学习的人数达 100 多万人次。接受学习人数最多的专业是外国语言及为在德的外国人开设的德语，其他的专业依次是医疗卫生、工艺美术、家政学、数学、自然科学及技术、教育学、心理学、哲学、管理和商务实践等。国民大学的教学是一种面向社会的普及型非文凭教育，没有年龄限制、无需入学考试，没有统一的学制，没有升留级，学费数额也不高。参加学习的人主要是为了利用业余时间拓宽知识面，提高专业水平，以增强在劳工市场上的竞争力，也有的人仅为了在业余休闲中寻求一种精神上的充实。国民大学还专门为在职期间仍想参加各级中学毕业考试的一些年轻人开设专科补习班。

年龄在 25 岁以上 40 岁以下的、生育或收养三个孩子、取得（职业）中学毕业文凭后工作五年以上并掌握了丰富的实践经验和高超技能的优秀人才，在职期间出于种种原因无法取得大学入学资格，仍可申请报考国立大学。相关的国立大学应专门为这类优秀人才设立入学考试，作为对在职优秀人才的鼓励。

"终身教育"，第一次教育已远不能适应职业的需要，成人的职业继续教育的重要性日趋明显，已成为就业以及再就业的必要前提和终身任务，只有全体公民整体素质的不断提高，才能完成经济、技术和社会的结构转化——这些都已为德国社会所共识。20 世纪 70 年代时，联邦政府设想由国家负责组织成人的职业继续教育，而在 1985 年，基于成人职业继续教育的科技学术性。联邦教育和科学部一方面要求高校发挥其优势积极参与成人的职业继续教育，另一方面也要求社会各界利用其特长承办成人的职业继续教育。

各行业的雇员工会作为代表雇员利益的合法性社团，与政府的教育和劳动部门、公司企业、雇主协会、工商联合会、手工业联合会以及农业联合会合作，参与组织安排在职雇员以及失业雇员的进修、转岗职业培训。培训期间，在职雇员的工资照发，失业雇员在劳动部门领取失业保险/救济金；培训费用均由劳动部门支付。这些培训的专业性、技术性和针对性都很强，时间最长不超过一年，一般为 3 至 6 个月。失业雇员结业后自谋职业，或由劳动部门负责介绍新工作，聘任权在雇主。有些行业雇员工会设有自己的培训机构，除组织安排在职的以及失业的雇员进修、转岗职业培训外，还对工会的工作人员进行轮训。

有实力和条件的大型公司企业十分重视其不同级别员工的职业继续教育，目的在于提高公司企业的管理水平、不断研究开发新产品、增强其在市场上的竞争力。除在公司企业内部举办短期专家讲座和学术研讨会外，还派遣专业技术人员到社会上的成人职业继续教育机构脱产进修学习，实行委托代培。公司企业和政府劳动部门对雇员利用业余时间参加成人职业继续教育给予经费支持。

《联邦德国公务员条例》规定：禁止录用敌视《宪法》和图谋推翻政府的人为公务员，录取前有关人员必须参加为期 6 个月的专业理论和实践培训，并宣誓效忠《宪法》后方可上岗；在职期间必须参加业务进修培训；晋升前必须参加培训，通过考试后方可晋升；联邦一级的公务员的职业培训及继续教育由联邦内政部统管，州一级的公务员的职业培训及继续教育由州内政部统管；联邦政府和各州政府均设有自己的职业培训及继续教育机构。

教会作为公益性慈善机构，在成人教育中积极发挥作用，其出资开办的成人教育的教学机构以传教和布教、信仰和崇敬上帝、博爱、净化人的心灵为主要目的，兼设一些文化知识、家政和卫生保健（孕妇和家长学校）等课程。有时也为在德的外国人及其子女、包括外来的难民等，开设德语课。教会一般不收费，国家对这类活动均给予一定的经费支持。

教会所属的成人教育机构还经常举办学术研讨会和座谈会，邀请德国政治、经济、科教管理等方面的领导人共同探讨当今社会的诸多问题。教会以其宗教历史传统对社会发展产生深刻影响。

朝野各党派的基金会——基督教民主联盟的阿登纳基金会、基督教社会联盟的赛德尔基金会、社会民主党的埃伯特基金会，自由民主党的瑙曼基金会和90联盟—绿党的伯尔基金会，在成人教育领域发挥独特的作用，其重点在于政治教育：宣传党的纲领和政策以争取选民、培训党的各级机关工作人员和党的年轻领导干部、讲授关于组织社会活动、能言善辩、取悦听众（选民）、注意公众形象等方面的知识和技巧。

近年来，一些正规的大学为满足退休人员重返或进入大学学习的愿望，专门开设了老年人普通进修学习专业。据统计，已有1万多名退休老人在正规的大学里注册，或作为旁听生，或作为正式学生，其中大多数人不以取得学位为主要目的。为了提高老年人适应信息社会的生活能力和生活质量，如：在家里就可以通过电脑—网络处理银行的业务以及日常生活事务——而德国目前60岁以上的老年人只有3％能够使用电脑。有些州为老年人开设了不同类型的电脑培训班，或建立老年人网络兴趣协会；联邦政府教育科学研究技术部曾倡议举办设计以老年人为服务对象的多媒体程序的比赛。

5. 妇女教育

德国的《宪法》中规定男女平等、任何人不得因其性别不同而受到歧视或受到优待。鉴此，已融入社会教育各个领域和阶层的妇女教育的主要目的在于保护妇女的合法权益和提高妇女的社会地位。多年来，代表妇女权益的德国妇女理事会下属共有 50 多个联合会及其 1 100 多万名会员、政府机构、各党派和社会团体、公司企业和教会等，均积极为此采取多种措施。如：颁布有关劳动和税务方面的法规、组织开展各种社会公益活动、充分发挥大众传播媒体的宣传功能等，取得了初步成就：

（1）"家庭妇女"已成为一种社会承认的正常职业，其配偶应纳的所得税可以得到一定比例的减免。若离婚，女方可得到一半家产。如无工资收入，还可从男方的工资收入或养老金中得到足够的家庭赡养费——这些也是造成妇女高失业率的原因之一；

（2）聘任和招工时，在同等条件下，女性优先；

（3）政府的基层部门和一些党派规定在相当级别的领导层中应有一定比例的女性；

（4）反对在官方文件和大众传播媒体中使用突出男性、无视女性存在的职业名称，如：反对用男性商人代替女性商人、反对用男性大学生的复数代替男/女性大学生的复数，反对单独用男性运动员或运动员的复数表示全体运动员等等；

（5）从事色情业的女性以及女同性恋者的部分权益也逐渐得到社会的认同。

尽管如此，由于受到产业结构变化和社会传统观念的影响以及女性生理的特点，德国妇女的社会地位在现实中仍不尽人意。据统计，德国的女性人口比男性人口多了近 220 万，女性的寿命比男性的寿命长（79.8：73.5），而妇女的就业率仅为 38.2%，其失业率却为 46.9%。男女同工不同酬的现象比较普遍。越是科学技术知识含量较高的行业越是政治决策层，妇女在其中所占的比例越小，如大学助教中仅有 8.3% 的女性、教授中女性所占比例仅为 5.2%、科学艺术界的女性所占比例约为 16.1%。针对这种在"法律平等"基础上的不合理状况，以保护妇女合法权益和提高妇女社会地位为目的的妇女教育，促进了带有女权主义特点、强烈反对性别歧视的妇女运动在德国的进一步发展。

三、日本社会教育的机构与设施

（一）日本社会教育设施的概念

日本社会教育中的设施概念在战前和战后有着不同的含义。

战前的"社会教育设施"概念，实际上是指政府向民众自上而下实施的"社会教育事业"，并不具有作为物质建筑物这一实体的含义。

战后的"社会教育设施"概念，是指以推进国民的社会教育活动为目的而设置的教育机关，是由为达到其设置目的所必需的建筑、设备等物质条件，对人们利用这些建筑设备所开展的社会教育活动进行援助的职员等人的条件，以及有关社会教育的信息、计划、事业等职能条件所构成的设施总称。

我们把日本现行的社会教育设施分为四类：

（1）综合性社会教育设施：公民馆、文化会馆等；

（2）以职能分类的专门设施：图书馆、博物馆、视听中心等；

（3）以对象分类的专用教育设施：少年自然之家、青年之家、妇女教育会馆等；

（4）开放学校。

（二）日本社会教育的综合性设施

1. 公民馆

公民馆是二战后设立的地区社会教育的综合性设施。公民馆是具有多方面职能的文化设施。它是社会教育的机关、社交娱乐的机关、自治振兴机关、产业振兴机关、青年养成机关。

《社会教育法》规定公民馆的目的是为"市镇村及其他一定区域内的居民，开展各种有关适应实际生活的教育、学术及文化事业，从而谋求提高居民的教养，增进健康、陶冶情操、振兴文化生活，增进社

会福利作贡献"。（第20条）

公民馆有如下作用：①公民馆是居民自由休息的地方；②公民馆是居民集体活动的据点；③公民馆是居民进行文化创作的广场。

公民馆的运营原则：①自由与平等原则；②免费原则；③作为学习文化机关的独立性原则；④职员的必设原则；⑤地区配置的原则；⑥整备丰富的设施原则；⑦居民参加的原则。

公民馆的性质与职能随着时代的变化而不断变化。80年代至今30多年来，公民馆被作为市镇村终身学习体制的基本设施。

2. 社会教育中心（终身教育中心）

社会教育中心（或终身教育中心）是都道府县一级的综合性社会教育设施。这种设施是适应终身教育发展需要而建立起来的，主要以都道府县这一广域生活圈为对象区域，整备社会教育事业的网络，综合开展信息的提供、指导者的培养与培训和广域社会教育事业。

(三) 日本社会教育的专门设施

1. 图书馆

图书馆是通过收集、组织、保存和提供图书、定期出版物、视听资料等文献、资料以及集会活动、例行活动等各种活动，向利用者提供文献、资料、信息和学习、教养等场所的社会教育设施。

日本有《图书馆法》，对设置与运营的必要事项作了具体规定。

2. 博物馆

博物馆是收集、保管、展览有关历史、艺术、民俗、自然科学等方面资料，并以通过这些资料进行的实物教育为中心，提高人们的知识和教养、陶冶其情操的设施。

日本的博物馆根据资料内容可分为综合博物馆和专门博物馆；根据利用者可分为公众博物馆、儿童博物馆和学校博物馆；根据设置者可分为国立博物馆、公立博物馆和私立博物馆；另外还有野外博物馆、路旁博物馆、山岳博物馆等。

3. 视听图书馆、视听中心

视听图书馆是以借出视听教材、教具为中心的设施。视听中心则是综合地发挥视听教育方面的研修、教材制作、学习援助等职能的设施。

4. 社会体育设施

社会体育设施指除学校体育设施以外的体育运动设施、民间非营利体育运动设施和商业体育运动设施。在学校设施向居民开放的条件下，学校体育设施也可作为社会体育设施之一。

（四）日本社会教育的分化设施

社会教育设施的分化设施指为特别限定对象而设的社会教育设施。日本的分化设施有以下几种：

1. 少年教育设施

少年教育设施是指以小学、初中为对象的少年自然之家和儿童文化中心等。

少年自然之家创办于 1979 年。随着都市化、工业化、核家庭化、少子化的显著发展，现代青少年特别缺乏与自然的接触、缺乏业余时间的室外活动和与学校内外诸多亲密友人等的交往。设置少年自然之家的宗旨是希望将受缺损体验影响的少年们引入大自然中，通过探求自然、野外活动来培养其认识自然、丰富情操，通过集团住宿生活来体验学习纪律、协作、友爱、服务等社会价值，获得在家庭、学校通常不能获得的经验来谋求少年身心的健康发展。少年自然之家是有目的的文化、教育设施而非娱乐设施。作为常年可利用的设施，其建筑一般由寝室、食堂、厨房、浴室、医务室、谈话室、研修室、事务室等构成。公立少年之家建筑面积大约在 2 000 平方米以上，住宿定员为 200 人以上。国立少年自然之家建筑面积约 10 000 平方米，住宿定员为 400 人。活动内容有承办的指导事业和主办事业两种。承办的事业内容主要有野外的各种体育活动、文化活动、团体住宿训练和少年教育指导者的研修事业。主办的事业有讲演会、研修会、父母亲与孩子野营等集会。

儿童文化中心则是指由国库补助的地方公共团体所设的设施。是以对青少年陶冶情操、普及科学知识、提供优良文化遗产和生活指导，力图促进青少年的健康成长为目的的设施。儿童文化中心的设施规模一般在 660 平方米以上，配备有集会室、音乐室、图书室、科学展览室、游戏室、绘画工作室、各种模型和标本、实验器材、视听器具等。

2. 青年教育设施

青年之家是青年教育的核心专用设施。创办于 1957 年，针对战后日本青年明显缺乏纪律、协作和友爱的精神，作为推进青年的野外活动、生活训练的专门设施而创办。青年之家分国立和公立两种。国立青年之家的教育目的是通过青年的团体住宿训练，培养纪律、协作、友爱、服务的精神，养成自律性、责任感、实践能力；提高亲和意识、培育爱乡土及国际理解的精神；谋求提高教化、纯化情操及增强体力。国立青年之家位于自然环境优美的地方，占地面积平均 22 万平方米，建筑面积平均约为 13 000 平方米。由研修设施、生活设施、体育运动设施、野外活动设施构成，配备有视听器材、乐器、体育运动用具、野外活动用具等。

国立纪念奥林匹克青少年综合中心设于 1980 年 5 月，是直属文部省的青少年教育专门设施。设置宗旨是通过向青少年、青少年教育指导者和其他青少年教育的有关人员提供研修机会，并与青少年教育有关设施进行联系和合作，开展有关青少年教育的专门调查与研究，以谋求培育健康的青少年及振兴青少年教育。其占地面积约 91 000 平方米，建筑面积约 63 000 平方米，设有住宿设施（2 500 个床位）、各种研修室（67个）、音乐室、体育室（网球场等）、谈话室等设备。

3. 妇女教育设施

在日本的妇女教育设施中，妇女会馆具有专门设施的性质。在战前由地区妇女团体开设。1977年设置了作为文部省附属机关的国立妇女教育会馆。这是唯一的国立妇女会馆，以向妇女教育指导者及其他妇女教育有关人员提供实践研修机会以及进行有关妇女教育的专门调查研究为设置目的。占地面积14 300平方米，建筑面积28 000平方米，由本馆、住宿楼、研修楼、体育楼、日本家室及库房等构成。公立妇女教育会馆由地方公共团体设置，分教育委员会直管和民营两种。还有由财团法人或社团法人设置、管理运营的私立妇女教育会馆。

四、俄罗斯社会教育的机构与设施

（一）俄罗斯社会教育机构的主要服务层面

目前，俄罗斯的社会教育工作已在全国城乡广泛展开，从整体上看可按服务对象及活动领域，将社会教育工作分为三个层面。

1. 服务于学校及学生

社会工作者主要围绕如下问题开展自己的工作：

（1）协调学校与家庭、社会关系，加强三者联系。社会教师组织学生家长和社会人士参加学校教学工作。如听课评课，参加课外校外活动，监督学校活动。

（2）协调教师与学生、学生与学生之间关系，防止和消除他们之间的冲突，创建有利于老师学生生活的道德心理环境。

（3）调查研究学生的个性品质，诸如兴趣、爱好、气质、性格等，为学校的教学、思想教育和职业指导工作提供咨询。

（4）指导学生的娱乐生活，帮助学生合理地支配闲暇时间。

（5）促使工厂、企业、科研慈善机构、教会以及社会文化事业部门为学校的发展提供物质技术条件。如提供劳动、实习场地、机器设备、原材料等，提供闲暇休息场所，帮助和组织学生的科技活动等。

（6）为学校师生提供心理咨询，解决其心理问题。社会教师尤为关心那些后进生、违法少年，帮助他们树立信心，恢复他们的名誉，走向新生活。

（7）为智力迟滞者提供补偿教育服务。据统计，除一少部分儿童（约为同龄人的 3%）因智力严重缺陷而被送入弱智学校之外，还有23% 名儿童智力在平均水平以下。另有 25% 的儿童遇到各种各样的困难，他们大多在普通学校学习，不能很好地掌握教学大纲的要求，社会教师（主要是社会医学，心理学工作者）的一个重要任务就是给予这些儿童医学的、心理的帮助。

（8）组织学生参加社会实践活动和公益劳动。

2. **服务于家庭**

（1）向家长普及教育学知识，提高家长教育子女的责任心和科学的教育方法。

（2）诊断家庭成员间及邻里间的矛盾冲突，调节夫妻关系，降低离婚率，提高家庭小环境的道德质量，促进家庭成员的身心健康。

（3）动员和吸引家长关心学校教育，参与学校活动，特别是拿出一定的时间共同参与子女活动，密切儿童、家庭、学校三者关系，使之尽可能多地达成一致性。

（4）诊断家庭成员的兴趣、特长、需要和能力，为他们选择职业、转换职业或业务进修提供信息咨询。

（5）帮助家庭制定合理开支消费和增加收入计划。

（6）为家庭成员的娱乐、闲暇、运动保健创造条件。

（7）给予家庭医学、法律和心理学方面的帮助。

（8）监督和保护妇女、儿童权益，解决家庭的社会心理问题。

3. 服务于残疾儿童、成年人、老年人和丧失劳动能力者

（1）关心残疾人和老年人的生活，组织学生利用课余时间，社会青年利用工余时间帮助和照顾残疾人、老年人的生活。比如收拾房间、缝洗、帮买东西等，相当于我们的"送温暖"。

（2）为弱智儿童和那些有弱智表现但仍在普通学校或家里学习的儿童开办特殊班，进行专门的（短期）矫正。为违法少年开办社会收容所进行教育。在这里，这些儿童由于避开了一般人的偏见和歧视，得到了很好的教育和保护，其社会化进程大大加快。

（3）为孤儿开办社会孤儿院，给他们切实的物质和精神帮助。如规定他们饮食、营养标准等。据统计，1990年俄罗斯联邦因离婚（离婚率近50%）导致18岁以下的儿童少年47万人失去了父母，成为孤儿，他们的个性心理因环境的骤变而发生扭曲，对这部分儿童的教育成了社会教育工作的一大任务。

（4）解答残疾人、老年人关心的社会问题，呼吁社会保护他们的合法权益。

（5）为残疾人、违法青少年、成人的劳动就业以及他们的卫生保健、休闲提供必要的帮助。

此外，社会教育工作还致力于恢复俄罗斯各民族文化传统活动。

社会教育工作是人与环境平衡的中介和沟通家庭、学校、社会的纽带，这就决定了它的工作方式的主动性与灵活性。主动性体现在通过社会教师的工作努力，调动社会文化教育环境中的积极因素，消除不良因素，它不是被动地等待，而是主动地去发现和解决问题。它不是把工作着眼点放在问题的处理上，而更多的是关注人与环境相互作用的过程的预防上。灵活性表现在它不受活动对象的年龄、地位、职务限制，还表现在灵活的工作方法方面，如诊断、座谈、讲习、访问、个别谈话、劳动等等。

根据《教育法》的规定俄罗斯开始了校外教育及培养工作体系的演进过程，建立服务于学校和学生的补充教育是社会教育工作的重要内容。首先是社会意识发生原则上的变化，即对人的看法从原来的"专业工作者"变为一个"个性"。其次，从技术主义向人类文明活动过渡的趋势日渐明显。第三，儿童和父母对文化—教育的、信息的和休闲服务的需求与日俱增。因此非正式教育的各种形式存在的意义越来越重要。补充教育作为最基本的非正式教育可以满足儿童经常变化的个体兴趣，为儿童个性发展提供最为有利的教育范畴，拓展儿童自我实现个性的文化空间并激发对创造活动的热情。

1996 年俄联邦教育部完成了从校外工作到儿童补充教育体系转化的第一阶段即分析—设计阶段。这是在财政不稳定、通货膨胀、国内生产下滑、社会竞争加剧等不良因素影响下进行的。从 1997 年开始了第二阶段即发展阶段的工作。该阶段的基本任务是建立并调整补充教育的规范大纲，为每个儿童进行自由选择教育和丰富的活动形式提供可能性。实际上，目前俄罗斯仍处于这一阶段。

1996 年俄教育部召开了关于儿童补充教育体系的大纲及方法问题国际研讨会，举行了两次全俄制定大纲竞赛，地方出版活动也较为活跃。

根据 1995 年统计资料显示，儿童补充教育体系的基本指标与 1990 年相比没有明显变化。补充教育机构网络不仅保留下来，而且有所增加。在国内财政赤字不断增加的情况下，补充教育机构从 1990 年的 7 496 所增加到 8 431 所。定额学生数量保持在 600 万人左右，这意味着全俄有超过 30％的学生系统地从事艺术、技术、生态、体育、旅游等活动。近几年出现了 230 所各种艺术类型的学校，从 1990 年起增加的少年—青年运动俱乐部和体育学校达 400 个，受训练的学生达150 000 人。

然而在一些地方部门由于财政—经济的困难和没有深入研究教育服务的需求及没有考虑补充教育在其地方教育系统中的角色、作用，草率地将一些机构合并、重组或者取消，这些都引起教育部门的恐慌。缺乏远见的地方行政政策缩减儿童发展的空间只能导致可怕的后果，即今天从孩子那剥夺的，明天将由家庭和社会加倍偿还。

如今的俄罗斯由苏联时期建立的庞大的青少年文化娱乐网络如儿童电影院、剧院、少年宫、文化俱乐部已经消失。减少了1/3的儿童工会，其他一些儿童社会组织停止了活动，几百个郊外儿童康复夏令营和少年社区俱乐部被损坏。目前许多社会教育工作者，教师、公共力量正在为保护每一个面临关闭危险的儿童补充教育机构而斗争。

（二）俄罗斯的社会教育设施

社会教育工作不同于学校教育，它首要的任务不在于教学，而是教育。社会教育工作者有广泛的活动对象和活动内容，灵活的组织形式与方法。这些内容、形式和方法的有效运作，离不开社会教育设施的有力支持。主要设施有：

少年之家、儿童活动中心、社会服务处、未成年人违法者挽救及恢复名誉中心、社会收容教养所、医学心理学咨询处、信任电话站、劳动安置服务处、闲暇和娱乐教育中心、运动保健组织、残疾人心理康复中心、家庭社会帮助教育心理咨询所、家庭计划中心、收养并关怀保护私生子中心、医疗教育学校、未成年母亲和准妈妈社会旅馆、社会孤儿院、居民经济及法律权利教育处、学校儿童少年关心老年人和丧失劳动能力者服务站等等。上述社会教育工作的设施大部分附设于中小学、企业等，也有单独设立的。一般情况下各城市较大的社区都有具体的社会教育工作设施。

除上述设施外，一些社会文化教育机构也属于社会教育设施范畴。如文化馆、纪念馆、广播电台、电视台、博物馆、公共图书馆、电影院、剧院等。

最近莫斯科出现一种专为健康状况不佳的儿童开办的学校。这里招收的学生不是智力低下者，而是莫斯科的普通青少年。他们身患某种慢性病。目前莫斯科市出生的儿童生下来完全健康的刚刚超过10％，其他儿童则患有某种疾病。

儿科医生认为，孩子们的健康与否和医疗制度的相关程度只占15％，其余因素则在家庭与学校方面。经常性超负荷作业，不合理的学习制度，导致神经衰弱、体质下降、肠胃不适。据统计，近70％的学生毕业时，得了一身慢性病。因此在学校里学习与医疗同时进行是非常必要的。目前莫斯科市暂时只有一所这样的学校，这里的学生经常由20位儿科医生观察诊断，体育治疗结合医务治疗。

除了此所学校外，莫斯科市还在原有康复中心基础上开办了保健中心17所。可以预料，首都每一个区都将开办一些经过设备改进的医疗服务学校，它们可以使"体弱儿童"及家长减轻精神负担，甚至可以取代尚未发达起来的家庭医疗诊所。

第三章　各国社会教育的
形态、内容、方法及活动方式

社会教育形态、内容、方法及活动方式是由社会教育的目的决定的。它既反映着一定社会的政治、经济、文化发展的方向和要求，也反映着一定社会的教育、科技、文化的发展水平和成就。同时，与学校教育相比，社会教育有其自身的特殊性。从教育对象方面来看，他们不仅在年龄、学历、职业等方面，而且在希望学习的内容、需求等方面都是多种多样的，在学习的时间、场所及活动方式上也有很大的不同。也就是说，他们参加社会教育活动始终是依据各自的意愿进行的，而不是依靠学校教育中的某种强制力进行的。所以，社会教育的形态、内容、方法及活动方式必须是多种多样的，具有时代性、民族性。也就是说，社会教育的形态、内容、方法及活动方式由受教育者的各种需求所决定。特别是随着社会与经济的发展和科学技术的进步以及终身教育理论的深入人心，教育手段日益现代化，社会教育包括的内容越来越丰富，涉及的范围也越来越广泛。另外，由于社会教育内容的各方面所具有的性质和实现的任务、目标不同，所涉及的问题范围也不尽一致。因此，认真研究世界各国社会教育的形态、内容、方法及活动方式等问题，具有十分重要的现实意义。

一、美国成人教育的内容、方法及活动方式

根据前文所述，我们知道美国的社会教育的构成主体为成人教育。

同时，美国教育界并没有对"社会教育"这一名词本身做出较为正式的定义。因此，为方便叙述，本书涉及"美国成人教育"的内容，可以在一定程度上被认为是对"美国社会教育"的介绍。实际上，美国成人教育的内容十分广泛，实践中人们按照成人接受教育的场所、机构、主要内容的性质、方式等特征给成人教育起了很多不同的名称。仅1990年出版的美国《成人与继续教育手册》分专章介绍的就有13大类。这里我们依据美国成人教育的直接目的、动机和结果，对其进行功能性划分，主要可以分为：成人基础教育、成人职业技术教育、成人高等教育和社会文化教育等几个领域。

（一）成人基础教育

成人基础教育主要立足于使受教育者学到最起码而又实用的基本知识。按接受教育内容的不同，成人基础教育主要包括成人扫盲、高中同等学力教育和英语教育三种。

1. 成人扫盲

美国是现代化程度很高的国家，但是美国的文盲和半文盲仍然大量存在。据20世纪90年代初的估计，当时美国有近3 000万文盲，有3 300万人是半文盲。对于文盲的标准，在美国不同时期有不同的规定。20世纪80年代中期以后规定为：不能够使用印刷或书面信息为社会服务，不能实现个人目标以及应用所学知识充分发挥个人潜力的人。很明显它是以个人是否具有在社会上尽职的能力来判定的。按照这一标准。半文盲被认为是那些没有能力理解重要书面指示和不能履行个人职责的人。相应的具体标准在不同时代、不同的州有不同的规定。另外，不同专业的专家对半文盲的标准要求也各有差异。他们一般针对本专业的特殊任务、技能、目标制定出各种"必要能力"的标准。随着科学技术水平的提高，这些"必要能力"的具体要求在不断地被充实和提高，定义半文盲就更为困难了。

不管美国人对文盲和半文盲的标准如何确定，扫盲工作在过去几十年中却一直在努力进行着，仅有关成人扫盲的法律就颁布了很多，如《成人教育法》、《终身学习法》、《国家成人文化水平法》、《美国2000年教育目标法》等。由这些法案规定拨付的款额在20世纪90年代初达到10亿美元以上。援助项目主要是用来教授成人读、写、算等基本能力，出版教育教科书，培训扫盲教师以及开展扫盲研究工作，建立扫盲机构，组织志愿人员参加扫盲活动。虽然扫盲工作取得了显著成效，但文盲仍在不断出现。其中中途辍学是产生文盲的直接原因。

扫盲工作主要由联邦、各州及地方政府具体提供经费，委托各类成人教育机构设计课程、规划项目以努力推行。此外，军队系统、宗教界、一些民间组织如劳白契、社区教育组织、工商企业、劳动工会、公共图书馆等也积极开展成人扫盲活动。

2. 高中同等学力教育

虽然近些年来美国高中学生毕业率已超过90%，并提出在未来10年内达到95%，普及14年教育（即达到社区学院毕业水平）等，但是仍有不少人未达到这一要求，在成人中仍有近一半人达不到高中毕业程度。而在美国，要得到职业岗位并能够提升晋级，起码要求有高中文凭或高中毕业水平。为了达到高中毕业程度，可以有几种途径：一是参加各类成人学校高中同等学力班学习；一是自学后参加高中同等学力考试，以取得高中毕业文凭。考试题目包括阅读、写作、社会常识、科学、数学等五门。此外有些州的法律还规定达到成人基本教育要求水平的人，再学一种职业技术，或在社会学院取得若干学分，也可以发给高中毕业文凭。

3. 英语教育

美国成人中现有近3 000万人不会讲英语。他们是本国的少数民族，如印第安人，更多的是移民或难民。而且这些人十几年来一直在增加。所以英语教育在美国成人基本教育中就显得很重要并占有很大比重。几乎所有的成人教育中心都设有这类班级和课程。1965 至 1980 年美联邦和州政府用于成人教育的 10 亿美元经费中，英语教育的占 30％。随着近年来移民数量的急剧上升，这一比例也明显地提高了。

（二）成人职业技术教育

成人职业技术教育在美国成人教育内容中占很大比重，且涉及范围广泛。从接受教育的成人的主要目的和层次上来看，主要有成人职业技术教育、企业内教育、其他行业或机关的职业教育等。

1. 成人职业技术教育

这里主要是指那些无业或失业的成人的职业技术教育。他们主要由联邦、各州或地方政府负责资助和管理，通过各种公共职业技术教育和培训机构对这些成人进行基本文化知识和实用的专业技术教育。由于美国每年都有不少的失业和不能就业的成人，他们的存在影响了社会安定并形成了人力浪费。所以美国政府和一些专家学者都认为政府对此应负更多的责任，通过教育把这部分人变为有效的人力资源。

2. 企业内教育

美国企业内教育主要是由雇主开办的，目的是提高本企业的技术水平，提高企业的竞争力和经济效益。据全国职业研究中心的调查报告指出，企业内教育主要分基础文化教育和专业技术培训两部分。由于基础文化教育对企业的收益增加不明显、不直接，所以雇主更注重对职工进行专业技术培训。雇主往往制订强有力的培训计划，配备完善的培训设施，迅速推广新技术，使用新工艺和新设备。当技术培训受到文化基础知识缺少的阻碍时，雇主才增设基础文化培训，以便使专业技术培训能顺利进行。

随着现代企业经营管理方式的变化，工人更多地参与了企业管理，同企业主、经营者、成人教育设计者结成联盟，对产业更新和企业组织结构做出灵敏的反应，拟定合适的职业教育计划，开发人力资源，保持企业的活力。

3. 各行业及政府机关的职业培训

美国各个行业及政府机关对其工作人员开展了十分广泛的职业培训活动，这些在职人员接受职业培训的比例及机会很多。因为美国法律规定，各种职业，简单的如清洁工、保姆，复杂的如医生、律师、会计师等，都要有各种等级执照。无论就业还是转变职业，都必须经过正规的训练才能够获得执照。一般来看，美国在开展职业培训时非常注意以下几个方面：公司的培训和发展体系；商业培训在当代及未来所起的作用；培训者的职责；对培训计划、项目的评估；技术教育及其效益；预算的倾向，电子计算机教学，对已普及和现存的培训方法、资料的评估。

美国不同的公司，其培训形式、规模、理论、实践等均有相当多的不同之处。大多数培训组织为培训进行财政预算，有半数以上的培训组织声称，他们的培训预算在今后要有所增长。这些培训资金，主要用于培训资料、培训装备、指导培训教师的工资，培训器械，受训者旅宿、受训者工资等几方面。

美国的职业培训计划一般由本职业领域内的专家与其他人员联合制定，以便使计划确实能为经济效益服务。参与制定职业培训计划的机构人员包括：高级管理机构、人力开发管理者、培训管理者、行业管理机构、联合会代表。

美国职业培训是在各种职业部门开展的。目前比较活跃的职业培训是银行业、销售业等。他们培训内容广泛，受训人员规模庞大。开展职业培训的还有其他一些部门和行业。如人力资源系统、培训或人力开发部门的营业或服务领域、资料加工系统、贸易部门、财政部门及银行等。

美国职业培训目的大致是帮助雇员提高工作水平；使新雇员确定职业发展方向；使雇员适应新技术的变化与发展；为雇员提供提高个人能力及知识水平的机会；使雇员适应未来职业的需要等。

为了达到以上培训目的，企业有关方面在设计培训课程、安排教学计划、设置教学实习活动时，都很注意与培训目标紧密结合。其培训项目有：雇员定向、经营技能、管理技能、计算机使用技术、安全程序生产、专业技术、销售技能、接待顾客技能、社交能力、执行的技能、超级市场经营技能、矫正教育等。

美国的职业培训还很注意评估这一环节。评估的方法有个别谈话、工作中直接观察、工作考核或生产能力测试，调查表、任务分析等。

（三）成人高等教育

目前美国有4 000多所高等院校，居世界各国之首，在校学习的学生数近2 000万。绝大部分学校都设有继续教育部、继续教育学院或成人教育中心，开展成人教育工作。根据参加这种教育的人员构成和学习目的，大体分以下几种情况：①一些专家、工程师、医师等，为了学习新的科学技术知识，以适应工作和生产发展的需要。在美国，这种教育也叫专业继续教育或继续工程教育。②扩展知识领域，为改变职业创造条件。③为攻读更高的学位或达到升级。④一般的"开拓思想"、丰富文化科学知识、培养新兴趣。⑤与企业合作进行的高等教育。

所设课程分为有学分和无学分两种。无学分的课程，一般是开放性的，入学不需要经过考试，学完规定的课程，经考试合格，即发给证书。学分学位课程的入学条件和所学课程与普通学校大体相同。入学需经过考试或其他审核办法，修满规定学分，可以取得毕业文凭和学位。

（四）社会文化教育

社会文化教育是在功能上与学历教育、职业培训、专业技术人员知识更新及扫盲有别的一类成人教育，其主要功能是使学习者成为一个合格的、良好的、出色的公民（社会家庭成员）。社会文化教育的教育目标侧重在个人发展上，并通过促进个人发展和完善来实现社会进步。在内容领域上，美国社会文化教育侧重政治教育和文化教育，包括：有关国家和地区政治、经济和文化生活的一般知识和技能；人们日常生活（家庭事务、社会交往等）的实际知识和技能；个人业余兴趣爱好和人格自我完善的内容；文学艺术、学术思潮、科技成就和人类社会的其他各种文化遗产等。

在教育形式上不仅包括正规教育活动，还包括人们在某种学习动机驱使下，有计划地参加某些文娱体育活动或有选择地利用某些大众媒介，进行有目的学习的自我教育形式。在美国，社会文化教育为不同社会地位、职业、处境的人提供了随时接受教育的广泛机会。从此种意义上讲，社会文化教育的参与者几乎是全体成人。下面按成人作为一个国家公民、一个社会和家庭成员而开展的教育、针对不同类型成人开展的社会文化教育、成人丰富与提高物质、精神文化生活的教育及发展个性开展的教育的顺序对美国社会文化教育内容加以说明。

1. 成人作为一个国家公民和一个社会成员，要接受当时当地特定历史条件下的社会教育。这种社会教育可分为两类：一是国民教育、市民教育，其功能是培养所在社会的合格居民。在美国，国民、市民教育突出表现为对移民进行英语、公民权利及义务等课程的教育。二是社区教育，其功能是解决成人所在社区所面临的问题。从社区角度看，美国社区教育机构往往是为配合社区某项工程计划的完成。为社区内企业、公司增设专业以培养人才，或为了解决青年就学、校外教育、就业等问题，或为了解决社区出现的种族、婚姻、贫困、犯罪等问题而开展的教学活动等。从个人角度看，是为了增强参与社区活动的能力，并寻求对社区的认同及在社区中寻求教育帮助，成为社区的合格成员，发挥更大作用。

2. 成人作为一个家庭成员，通常要接受相应的家庭生活教育。这种教育主要包括恋爱婚姻教育。子女教养教育或家长教育、宣传媒介、文化组织、社区服务机构等对青少年和成人进行性知识宣传、恋爱观、婚姻观、夫妻生活、孕期保健等恋爱婚姻教育。同时也进行家庭财物管理、消费开支安排、持家致富、家庭建设和环境美化，与衣食有关的各项生活技术以及私人汽车和各种家用电器的使用、保养、维修技术等家政教育。

3. 不同类型对象的成人社会文化教育。不同职业类型的成人面临不同的社会生活问题，需要组织实施不同目标和内容的社会教育。这类教育大多由各专业组织、协会等对相关领域的成人进行。如按职业状况不同有职工教育、农民教育、军人教育、公务员教育，若按年龄和性别划分则有青年教育、老年教育和妇女教育等。

4. 个人生活教育和个性发展教育。这类教育主要以丰富和提高受教育者的物质和精神生活，培养和发展业余兴趣爱好以及个性的充分发展，从而实现人格的自我完善为目的。与物质生活现代化相应的各种生活技术、技能、技巧和工艺、手艺、园艺（如烹调、服装、住房装饰、庭园开发等），与保持个人身心健康有关的卫生保健、强身、体育，与个人文化生活、社交活动有关的文学、各类艺术、娱乐、旅游，直至个人的信仰和宗教教育等都是这类教育的具体内容。

生活中每个成人都要面对许多任务，担当不同的角色，于是人们就会产生各种各样的教育需求，正是这些教育需求决定了丰富多彩的成人教育内容。作为成人可能同时接受多种形式、内容的教育，在不同年龄、社会身份地位不同时，教育需求和接受教育的内容还有变化。

另外，众多的成人教育机构可同时向成人提供多种服务内容，具有多种成人教育功能。这类机构在美国很普遍，如社区学院、合作推广处、宗教团体、图书馆等文化组织、各种社区组织、报刊影视等社会团体。

二、德国社会教育的手段、途径及活动方式

（一）大众传播媒体

德国《宪法》第五条规定：人人有用语言、文字和图画表达和传播意见的自由，以及不受干扰地从公开的渠道获得信息的自由。从而保证了大众传播媒体能够发挥其特殊的功能。在高科技迅猛发展的信息社会，大众传播媒体被称为与议会、政府和司法并列同在的"第四种权力"，为社会教育提供了非常先进的技术和优越的条件。因此，在德国的任何一个地方都可以随时感受到社会教育的存在。

1. 广播电视台

联邦德国的广播电视台纯属州立的公法性机构，仅有三个频道，即各州广播电视台联播的跨地区性电视一台，各州合办的跨地区性电视二台和各州独立主办的地区性电视三台。有线电视的推出始于1982年。经费来源通过收取广播电视费和广告费——但对广告的播出时间和方式却有严格规定："黄金时间"之后不得单独或穿插播出广告。联邦政府有自己主管并经营的专司涉外的广播电台：德国之声和德国电台。

卫星技术的普及与推广，极大促进了广播电视事业的发展。自1985年第一家私营卫星电视台开播以来，私营电视台不断增加，目前已有10多家，各具特色。其节目种类繁多，内容也越来越丰富，使公法性广播电视台面临空前的挑战。鉴此，公法性广播电视台作相应调

整：改进内容与形式、延长播出时间、开设新频道，并与德语地区国家的电视台合作增开联合频道。除德语电视节目外，还有英、法、荷兰、意大利、西班牙、弗拉芒、土耳其、希腊、塞尔维亚等语种以及手语电视节目。共有 20 多个频道。此外，各大城市还从收取的广播电视费中拨专款开设了"公众频道"，免费播放任何一个合法居民或社团自己制作的非商业广播电视节目，并提供咨询和技术设备帮助。广播电视进入千家万户，普及率达到百分之百，已成为社会教育的最大课堂，同时也是影响力最大的教师。有统计显示：14 岁以上的德国人每天收听两小时广播节目、收看两个半小时电视节目。不过，由于这些年来网络的普及，这一数字略有下降。

在制作和播出广播电视节目时，每一个公法性广播电视台和私营广播电视台都必须严格遵守以下四个原则：

（1）维护《宪法》——节目中不得有攻击《宪法》和危害国家安全的内容；

（2）保护青少年——公开播放的节目中不得有对青少年身心健康成长产生消极影响的暴力和色情的内容；

（3）保护人的尊严——节目中不得有对人身进行侮辱和攻击的内容，以及禁止泄漏隐私；

（4）民族和解——节目中不得有煽动种族歧视和压迫的内容。

国家对广播电视台节目的具体内容不实施预审，由各广播电视台自律。如发现违法问题，将由公诉人向法院提出诉讼。广播电视台负责人以及相关人员将受到法律的制裁。这种"内紧外松"的依法管理方式，职责分明，权限清晰，易于操作，给管理者和被管理者创造了一种和谐有序的环境，从而极大地提高了工作效率，广播电视台的社会教育功能也得到了充分发挥。

各广播电视台考虑到观众中不同年龄、不同性别、不同种族、不同职业和不同阶层的不同需求以及他们所关心的个性和共性问题，有针对性地制作各种内容的专题节目。如：少年儿童节目、时事新闻节目、法制法规节目、经济建设节目、劳动就业节目、金融财税节目、体育比赛节目、卫生健康节目、科学技术节目、旅游休闲节目、音乐舞蹈节目、文学艺术节目、宗教信仰节目、世界各地以及外国文化节目等等；有的私营电视台还开设了收费或半收费加密式电影频道、体育频道、文图信息频道、卡通片频道以及少儿不宜的成人影视频道等。

此外，政府首脑及政要们经常接受电视台的邀请出席讲演报告会，与普通观众和专家学者一起讨论德国社会上发生的热点问题，如：失业人数居高不下；新纳粹袭击外国人居住区，排外情绪上涨；年轻人吸毒；艾滋病蔓延；社会风气渐下，极端个人主义盛行等，并阐述政府对这些问题的态度、政策和措施，普通观众和专家学者也从不同角度发表自己的看法，有时甚至还邀请艾滋病患者以及妓女等出席座谈会，从而也增加了电视节目的可视度，提高了收视率。

从播出的节目内容来看，就比较而言，公益性广播电视台更注重国家和公民的权利与义务、内政外交、教育科技和经济税收等方面的内容。如：巴伐利亚州立广播电视台于 1966 年 10 月率先决定与学校合作开播以获取学历文凭为目的的电视教育节目，得到联邦德国各州立广播电视台的积极响应——两德统一后也同样推广到了德国东部地区。柏林州立广播电视台近年来开设了"多元文化"节目频道，用欧洲的各种语言播出，以增进欧洲各国之间的了解与友好，促进"欧洲大厦"的建设和加快欧洲统一的进程，进而使广播电视台的社会教育功能更加明显。据统计，公益性广播电视台德国电视一台近年来关于家庭、教育、各类咨询、时政和社会的节目逐年增加。1995 年达到播出节目总量的 33.5％（1994 年和 1993 年分别为 30.8％和 25.8％）；公益性广播电视台德国电视二台 1995 年节目播出总量的 9.3％为儿童、青少年和家庭节目（1994 年和 1993 年分别为 9.6％和 9.2％）。此外，公法性广播电视台每天结束时播放德国自然风光和名胜古迹配以德国国旗和国歌。而私营广播电视台则不会趋附效仿，它们给观众提供更多的是消闲娱乐、旅游观光、商品购物和体育比赛以及影视歌舞等较为轻松的节目，因为绝大多数私营广播电视台要依靠广告收入维持经营。

2. 图书、报纸、杂志以及音像制品

迅速发展的广播电视业所带来的负面影响，引起社会的极大关注。"重视阅读"成为时尚。据统计，成年德国人每天用于阅读报刊的时间约为 70 分钟。广播电视业的发展并没有使图书、报纸、杂志以及音像制品的出版与发行业受到较大冲击。作为进行社会教育的重要手段，图书、报纸、杂志以及音像制品的出版与发行也必须遵守前述的四项原则。有所不同的是，除各州政府立法对出版与发行界实行主管外，由于出版物传播信息的特殊性，联邦政府亦可根据联邦宪法制定框架法规，参与管理图书、报纸、杂志以及音像制品的出版与发行。为便于监督，出版与发行的图书、报纸和杂志上必须设栏注明发行人、印刷者、出版者以及责任编辑等，并将广告与正文严格区别开来。德国刑事诉讼法和民事诉讼法对出版与发行物中的报道失实、诬蔑、诽谤、侮辱，侵犯他人隐私等违法行为都明确规定了惩处办法。受害者可根据违法行为的性质及其情节轻重，诉诸法律，要求肇事者进行据实更正、发布启事、给予物质或精神赔偿等。在实践中，大多数出版社（或出版社集团公司）下属的报刊编辑部有相对的独立性，实行所有权和经营权分离，文责自负。这样，万一发生违法行为时，报刊总编或编辑部主任就要承担主要法律责任。出版与发行行业的各种专业自治组织，如：联邦德国报纸出版商联合会、德国杂志出版商联合会、德国记者联合会、德国新闻委员会等，发挥着代表同仁的利益以及规范和监督出版与发行界的职业道德的职能。

自约翰内斯·古滕贝格 1445 年在欧洲首先使用图书活字印刷术出版第一本"四十二行圣经"便开创了德意志民族图书出版业的历史。

图书历来是"国民教育"的重要手段，是获得知识的源泉。图书是除医疗药品外唯一在全德国定价出售的商品，以保证寻常百姓对"精神食粮"的需求。据联邦德国统计局颁布的数字显示，一个工薪阶层的四口之家的业余消费款项近 10% 用于购买图书和报刊。人民的求知欲望及其教育水平和文化素质的提高，反过来也促进了图书出版业的发展。战后联邦德国的图书年出版量 20 世纪 80 年代中期比 20 世纪 60 年代初期增长了 155%，初版图书为 4.5 万多册，20 世纪 90 年代中期达 7.4 万多册，其中初版图书占 5.3 万多册以及普及袖珍本 1.2 万余册，居美国之后占世界第二位。

报纸在德国的历史上可以追溯到 1609 年在奥格斯堡出版的第一份周报，以及 1650 年在莱比锡出版的第一份日报。根据联邦德国政府新闻局 1997 年的统计，每工作日在德国出版的各类报纸有 380 多种，共有 1 600 多种地方和地区版，发行量达 2 500 万份。此外，在市场发行的还有许多外国报纸，通过预订邮寄和摊点零售的渠道送达读者手中。按每千人拥有报纸份数的密度计算，德国以每千人 305 份排在世界的第五位，仅次于日本、英国、奥地利和瑞士。在上下班交通高峰时的公共汽车、地铁、火车、甚至飞机上，报纸几乎是人手一份，可见德国人阅读报纸的积极性之高。报纸是了解国家和社会，知晓天下事，并形成自己观点和意见的重要的信息来源。这一点，即使在"网络阅读"大行其道的今天依然如此。

目前在德国出版与发行的期刊杂志有 9 000 多种，其中有新闻时政类、科学技术类、文化艺术类、卫生保健类、休闲娱乐类、妇幼家政类、少儿教育类、宗教信仰类、商务广告类、体育运动类等等。以及各种机构、组织、社团的自办杂志，每期的发行总量超过 1.5 亿份，构成社会教育中不可替代的重要组成部分。

有些报刊杂志还与学校教育部门合作，开设"儿童和青少年与学校教育"专版，请各学生报的编辑部轮流主办，由学生组稿、投稿，就校内外大家共同关心的专题，如："高中毕业后何处去?"、"毒品在……"、"无纸张学校——乌托邦还是憧憬?"、"设计或毁灭——时装和品牌"等等，发表各自的观点。每期发行量达 100 多万份的著名新闻周刊《明镜》发起"学生报"有奖竞赛，评选出封页、版面、题材内容和"电子报纸"等单项奖以及综合奖——"学生报"年度优胜奖。颁发的各类奖品均与办报密切相关：价值 6 000 欧元用于购买电脑硬软件的代金券、一万欧元用于考察采访的费用、接受学生记者到新闻周刊编辑部实习、为获胜的"学生报"免费在《明镜》周刊做一年广告等。这样既可以扩大刊物的影响、争取到一大批年轻的读者，也发挥了大众传播媒体在对青少年的社会教育中的积极作用。

音像制品的制作与发行，为社会教育增添了新的手段。多媒体及信息高速公路的使用，为社会教育拓展了新的空间。针对图书、报纸、杂志以及音像制品中出现的与社会教育目的相悖的、特别是对青少年产生消极影响的色情与暴力内容，德国州一级政府颁布法规对其发行与销售进行限制。如：指定出售地点并在入口处挂牌注明"18 岁以下不得入内"、向 18 岁以下的青少年出售描写性行为的图书、报纸、杂志以及音像制品属违法行为；必要时还须在封面或包装上写明"18/16/12 岁以下青少年不宜"。

德国在世界上率先于 1996 年 12 月通过了、并于 1997 年 8 月 1 日正式实施关于使用多媒体以及信息高速公路的《多媒体法》。它不仅为多媒体网络的开发者与使用者提供了法律保护，以利多媒体网络的普及和有序竞争，而且也将积极地阻止在多媒体网络上传播有色情、淫秽和暴力的内容，以利青少年的健康成长，违反者将根据《刑法》和

《社会治安管理法》予以制裁。

（二）文化设施

德国不像英、法等其他的欧洲国家，其首都就构成了该国的文化中心。而德国的联邦制政体导致了德国的文化发展在州一级政府的主管下所形成的多中心、分散性和普及性，州与州以及城市与城市之间在层次和质量上的差别微之甚微，但各具特色，为文化发展及其设施在社会教育中发挥功能优势提供了便利条件。

1. 教堂

基于宗教的悠久历史及其对当今社会的深远影响，在德国，无论是在繁华的城镇，还是在偏远的乡村，无论是在兵营，还是在医院，甚至在高速公路旁，到处可见教堂。其规模和风格，因宗教派别和建造年代而异，或庄重古朴、或精美典雅、或气势恢宏、或小巧玲珑，建筑及维护的工艺水平之高超，堪称世界一绝。教堂已成为集宗教、历史、文化、教育和造型艺术为一体的人文景观，使其社会教育的功能得到了充分体现。

德国各派教民有 5 520 多万——约占人口总数的 70%，与教堂发生着密切的联系。除星期日的弥撒以及宗教节日活动外，教堂的布教及唱诗班、各种文化知识学习课程和专题讲座、为困难者提供的慈善性救援食宿、参与国际社会活动、开医院办学校等，已成为社会生活中不可替代和缺少的一部分。

国家政府不直接参与教会的管理，教会有相对的独立性，其活动在受到法律保护的同时也受到法律的制约。在社会工作方面，国家与教会有着共同的目标和利益。因此，国家设立宗教税，教民缴纳的宗教税作为教会经费的部分来源。

2. 图书—档案馆

德国图书—档案馆的状况比较能够反映出德国文化的多中心、分散性和普及性。其先由书商建立、后收归国家所有的联邦一级图书馆只有两座，而且历史也不悠久：一是于1913年建在莱比锡的德意志图书馆，收齐了当时的全部德文书籍；二是于1947年建在莱茵河畔法兰克福的德意志图书馆，作为战后的德国西部对设在德国东部莱比锡的德意志图书馆的一种平衡和补充。两德统一后，这两座图书馆合并为"德意志图书馆"，收藏全部的德文书籍，其中包括外国出版的德文翻译书籍以及有关德国的书籍，它也是德意志民族史资料中心，目前总藏书量约为1 400万册。德语地区最大的图书馆是巴伐利亚州慕尼黑的国立图书馆。同样，德国联邦一级的中央档案馆也没有设在首都，而是设在一个名为科布伦茨的小城市。

德国除了有综合性的图书—档案馆外，还有分布在各地的专业性的图书—档案馆。如：慕尼黑的巴伐利亚国家科学图书馆（藏书约600多万册），也是世界上收集中国地图最齐全的图书馆。马尔巴赫的德国文学档案馆、柏林的"普鲁士文化财产国家图书馆"（藏书400多万册）。柏林的德国音乐档案馆、科隆中央医学图书馆、沃尔芬比特尔"奥古斯特公爵图书馆"藏书66万多册，其中1.2万多册是珍贵的中世纪手抄本，堪称德国图书馆中的一块瑰宝。

据统计，德国现有向公众——当地居民，包括暂居的外国人——开放的公共图书馆1.3万多座，主要由州、市（县）和区（乡）的政府机构、大学以及当地的教会经管，总藏书量13 600多万册。先进的电脑查询、检索、出借和管理系统，以及远距离函借方式，给读者提供了极大的方便，使出借量达30 800多万册次。有的图书馆设立青少年部、音像部和艺术部，以兼顾不同的需求。还利用馆中的场地举办报告会和展览会，吸引了更多人的参与，成为当地（特别是在乡村）的文化活动中心。

3. 博物馆和画廊

德国的博物馆起初仅是王宫贵族显示自己的丰富收藏的地方，并没有教育和娱乐民众的功能。博物馆作为一项事业则兴盛于19世纪初，它在德国、乃至世界文化中独具特色：一是数量多——有3 982所（其中854所在德国东部），63％为市、县、乡博物馆，23％为联邦和州博物馆，14％的博物馆归各种协会、基金会、教会、企业及私人所有；二是受欢迎——每年参观的人数达到一亿多；三是分布广——在德国的城乡都设有博物馆；四是规模大——甚至整座城堡就是一所博物馆，如：罗曼蒂克大道必经的上法兰克地区的丁肯斯布尔，是一座保留着几百年以前的建筑古风的中世纪城堡，受到国家文物法保护的一级文物；五是建筑风格旖旎——古典的和现代的不同风格映托出建筑发展的历史；六是种类齐全——包罗万象地展示着社会发展的方方面面，有艺术博物馆、文化史博物馆、自然科学技术博物馆、人类学博物馆以及乡村的家园博物馆等。如：世界上历史最悠久、规模最大的阿亨报纸博物馆，创建于1886年，收藏全世界数百种文字的12.5万多份报纸，其中有1859年在纽约出版的世界版面最大的"星座报"和1829年在梵蒂冈出版的世界上最小的"罗马日报"。世界上独一无二的柏林玩具熊博物馆以及柏林音乐器具、美发、狗和洗衣博物馆。罗滕堡古刑法博物馆，里面陈列着欧洲中世纪的各种刑具，其中包括歧视女性的"贞操裤带"等。濒临北海的不来梅航海博物馆，与该地的海洋水族馆交相辉映。柏林的博物馆岛，珍藏着6 000多件艺术品，最闻名的是建于公元前180年的佩加蒙祭坛——德国考古队于1878年至1886年从小亚细亚两河流域的地下挖掘出来运至柏林并恢复原貌，位于科隆大教堂旁和莱茵河畔的瓦拉夫—理查茨和路德维希博物宫，是德国规模最大、耗资最巨的博物馆群——被称之为"科隆的卢浮宫"。慕尼黑的"德意志博物馆"每年吸引着数百万参观者——其中绝大部分为学生，因为在那儿允许参观者自己动手，去触摸和操纵各种反映自然科学知识和技术的数以万计的机器、仪器及设备。因此，人们称之为"按钮博物馆"，是德国众多的博物馆中独具魅力的。如此等等，不一而足。

德国的画廊及美术馆也千姿百态，除了街头众多的私人画廊，最具代表性的是陈列在历代皇宫城堡中的画廊及艺术珍藏馆。如：德累斯顿画廊、斯图加特新美术馆、慕尼黑新/古绘画陈列馆、世界上最大的卡塞尔当代造型艺术收藏馆等，以其珍贵的收藏价值在世界绘画艺术的收藏中占有一席之地。

德国与外国的文化艺术交流十分频繁和活跃，时常有来自海外的艺术珍品巡回展出，同样给德国人民带来艺术的熏陶和美的享受。

4. 博览会与展览会

德国博览会与展览会的发展起源于中世纪商贾的单个集市贸易。随着德国经济的发展及其国际地位的提高，以及世界经济贸易全球化的进程不断加快，德国的博览会与展览会已由综合性博览会与展览会逐渐演变为单一的专业博览会与展览会，而且国际化的程度越来越高。其中最具影响的博览会与展览会是：莱比锡的国际化工与化工机械/国际图书报纸杂志博览会、法兰克福的国际消费品（陶器、瓷器、玻璃器皿、工艺美术、首饰、家用电器与家具）展览会和法兰克福的国际汽车/国际服装与纺织品材料博览会以及法兰克福国际图书展、科隆的国际食品与市场/国际图像技术/国际家具/国际艺术/国际自行车与摩托车博览会、柏林的国际农业与食品业"绿色周"/国际旅游交易/国际音像技术/国际航天航空博览会、杜塞尔多夫的国际印刷与纸张/国际计量技术与自动化/国际包装/国际时装博览会、慕尼黑的国际建筑机械/国际手工业/国际体育用品博览会以及世界最大的汉诺威国际工业/国际办公室自动化与信息通讯技术博览会等等。仅以1995年的统计为例：世界上150多个重要的专业博览会与展览会，有2/3在德国举办；约有14.2万个参展者——其中有近64万人来自外国，在114个跨地区的博览会与展览会上向1 000多万名观众介绍了他们的展品。博览会与展览会不再单纯是商贾从事经济与贸易的场所，众多的"外行"的参观者们前往博览会与展览会的主要目的是为了开阔视野、陶冶情操、学习新知识。筹备于 1995 年、于 2000 年 6 月 1 日至 10 月 31 日举办的汉诺威 2000 世界博览会以其"人—自然—技术"的主题和空前的规模，展示人类在世纪之交所面临着生存发展的挑战、选择和对策，将更加突出博览会与展览会社会教育的功能。

5. 歌舞戏剧院和电影院

电视事业，特别是有线电视和卫星电视的开播，对歌舞戏剧院和电影院形成了极大的冲击。

遍布各地的歌舞戏剧院以其精湛的建筑风格和华丽的室内装潢，映托出昔日德意志民族各邦国封建诸侯割据的辉煌历史。衣着雍容华贵、身佩珠光宝器，以悠闲的步履缓缓迈入歌舞戏剧院，曾是贵族和上流阶层权势和地位的象征。这种习俗几经变迁延续至今，虽已日趋平民化，但进入歌舞戏剧院的艺术殿堂却仍是日常文化生活中的一种精神享受。然而进入 20 世纪 70 年代后，歌舞戏剧院逐渐失去其吸引力。仅以原联邦德国为例：在 20 世纪 60 年代，各类歌舞戏剧院接待的观众人数为 2 000 多万，而到了 20 世纪 80 年代，在 74 个市、县共有 280 多家歌舞戏剧院，拥有 150 000 个座位——平均每千人 7 个多座位，每年 3.3 万多场演出，卖座率 85%，观众人数降至 1 700 多万。其中有 18.5% 的人听交响乐及音乐会，看少年儿童剧目的人占 9.6%，看话剧的观众有 35.3%，有 36.7% 的人欣赏歌剧。歌舞戏剧院的门票收入已难以维持其日常开支。正因为歌舞戏剧院的社会教育功能的普及性和重要性，各州和地方政府文化机构以及私人对歌舞戏剧院投资赞助的数额达到其总开支的 75% 以上。

20 世纪 50 年代是电影最受欢迎的鼎盛时期，每年观看电影的人数达 10 亿以上，平均每人看 14—15 部电影。进入 20 世纪 70 年代后，电影院的数量萎缩至 50 年代的一半，仅为 3 800 多家，观众人数锐减至一亿多，一个拥有 200 多座位的电影院，放映每场电影平均仅售门票 36 张。电影院采取各种促销手段，以吸引更多的观众。与美国、法国、意大利、印度等国相比，德国的电影业不很发达，电影院放映的电影多为外国电影，其内容、放映时间和地点、观众的年龄等都必须符合德国的有关法规。同样的，随着网络的普及，特别是视频网站的兴起，德国电影业受到了很大冲击，其发展前景还有待观察。

6. 体育馆（场）

战后德国经济的飞速发展同时也促进其体育事业的发展。随着生活水平的不断提高，人们的健康意识也不断增强。全民体育健身运动在学校和社会上得到广泛开展。仅以西德为例：从 20 世纪 70 年代到 80 年代中期，各类体育协会从 3.92 万个增加到 6.29 万个；会员也从 830 万发展到 1 710 万，整整翻了一番多。德国平均每四个人中就有一个人加入体育协会。在各类体育协会中 15 岁以下的少年儿童会员占 19％，37％为 22 岁以下的青少年会员。进入 20 世纪 90 年代，各类体育协会达 8.59 万个，会员有 2 263.2 万人（1997 年）。此外还有一大批非会员自发参与体育健身活动。全德国共有各类体育（场）7.6 万个以及室内和露天游泳池 5 500 个。全民健身运动取得了显著成就。据统计，20 世纪 80 年代男性的寿命为 71.2 岁，女性的寿命为 77.8 岁；1995 年男性的寿命为 73.53 岁，女性的寿命为79.81 岁。

正因为有了广泛的民众体育运动基础，联邦德国的竞技体育水平才得以在世界体坛上名列前茅，特别是在足球、网球、马术、方程式赛车、拳击赛、水上和冰上运动等项目中显示出个人或整体的实力。

社会上最为普及和为广大群众喜闻乐见的体育运动，在社会教育中有形或无形地起着增强民族凝聚力和激发民族精神的作用，同时也促进着社会教育的重要手段——大众传播媒体的发展。凡是涉及体育运动的人与事，均成为广播电视台、图书、报纸、杂志、音像制品以及多媒体网络所广为宣传和报道的重要内容。

7. 对外的文化交流机构

为增进和加强国家与民族之间的相互了解和友谊，美国、英国、法国、意大利、土耳其、东欧诸国、日本、印度、中国等众多国家，根据对等原则，在德国开设了半官方的文化交流机构，从事各种文化交流活动。如：电影招待会、歌舞戏剧演出、文化艺术展览、出借书刊及音像资料、专题演讲报告会等。从另一个侧面为德国的社会教育增添了独具特色的内容，使德国的来访者获得了多元文化的知识。

三、日本社会教育的形态、方法及活动方式

（一）日本社会教育的形态

我们可从社会教育的实施主体和学习主体角度分别考察，从而将社会教育的形态分为教育形态和学习形态两类。

从教育形态角度看，日本社会教育的形态主要有：①政府和地方公共团体等公共机构实施的形态；②民间团体等实施的形态；③利用通讯媒体进行函授教育的形态。还可把前两者称为设施利用型，后者称为媒介利用型。

从学习形态角度看，日本社会教育的形态可分为：①集团学习的形态；②个人学习的形态；③个别学习的形态。集团学习是日本社会教育的传统形态，其中学级、讲座等学习活动是战后日本社会教育的一大特色，是基本形态。个人学习形态又可分为媒介利用型和设施利用型两种。个别学习形态是集团学习和个人学习相结合或相互交叉进行的一种特殊形态。三种形态呈"螺旋状"展开。

(二) 日本社会教育的方法

我们可把日本社会教育的方法大体上分成以下几类：①讲座、学级等方法；②讲演会、讲习会、研究会、座谈会、展示会等方法；③学校"扩张"或学校开放的方法；④利用视听教具的方法；⑤函授教育的方法；⑥利用社会教育设施的方法。下面对较有代表性的方法进行具体介绍。

1. 讲座的方法

讲座是把一定数量的学习者集中在一起，有计划、有组织、持续地开展的一种社会教育活动。它是公共社会教育活动中比较典型的一种方法。讲座种类很多，如公民馆定期讲座、学校开放讲座等。讲座的内容大多都是适应时代发展最新要求和人们普遍关心的问题，具有知识新、内容多样的特点。

2. 学级的方法

学级是在各地区兴起的一种有组织、有计划的社会教育形式，以进行职业训练和养成一般性文化教养为目的。主要有妇女学级、母亲学级、双亲学级、成人学级、劳动青年学校、社会学级、青年教室、青年学级、高龄者学级等。

3. 讲演会、讲习会、研究会等方法

这些方法又简称"会议法"，主要有时事讲演会、烹饪讲习会、书法讲习会、茶道花道讲习会、青少年指导者讲习会、生活改善讲习会、家畜改良研究会、社会教育研究会、农产品加工展览会等等。参加对象极为广泛，是社会教育中非常重要的一种方法。

4. 利用视听教具的方法

这种方法是在战后正式使用和发展起来的，主要形式有：广播大学、电视大学、广播讲座、电视讲座、广播电视以及网络视频中的讲演会等。

5. 学校"扩张"或者学校开放的方法

这是利用学校设施开展社会教育活动的方法，主要有讲演会、讲习会、青少年学级、成人学级等活动。在地方的社会教育设施不充分的情况下，这种方法发挥着重大作用。

6. 函授教育的方法

这是利用闲暇时间学习新知识、新技术的方法，分学校函授和社会函授两种。前者以修学分为目标，后者以学习一般文化知识和职业技术为目的。社会函授教育中也有被文部省认定的，实行技能审查制度。各地教育委员会每年组织一次审查考核，分1－5个等级，分别授予相应的资格证书。

7. 利用设施的方法

社会教育设施是社会教育中不可缺少的重要条件，具有教育意义。如公民馆作为地方文化的中心，适应各个不同地区的情况，对于改善人们生活和净化社会风气发挥着重大作用。在社会教育活动中被广泛利用的公共设施主要有图书馆、公民馆、博物馆等。

从社会教育活动中学习者的角度看，日本社会教育中的学习方法有"讨论"（对话）为中心的学习、以"经验"为中心的学习、以"讲义"为中心的学习三种方法类型。

"讨论"中心的学习方法主要有圆桌讨论、逐人问答、集体思考、小组讨论会、公共讨论会、专题座谈会、辩论等。学习者通过对话，互相交换信息、意见，以达到相互理解、开阔视野，并加深对问题的认识。

"经验"中心的学习方法主要有参观、实习、实地学习、调查、野外住宿等形式，学习者要通过亲自接触事实和实际，加深对所学内容的理解，并切实掌握有关知识和技术。

"讲义"中心的学习方法，是学习者以倾听教师的讲演学习教师的讲义（课后）为活动的主要形式而展开学习的一种方法。这种方法适用于受教育者系统地学习某些知识和技术。

（三）日本社会教育的活动形式及内容

1. 青少年教育活动

青少年教育活动的对象为从小学到初中的少年学生和 25 岁前的劳动青年。对少年教育的目的重点在于提高少年对身体健康的关心和求知欲望以及冒险精神等，通过开展自发性的多方面活动，尤其通过与伙伴们的集体活动，使他们掌握和体验到在家中和学校里无法学到的东西，以此促进少年的健康成长。对劳动青年进行社会教育的目的是使他们掌握在职业和家务等实际生活中必需的知识和技能，掌握作为社会人所应有的对社会的客观认识和自主地解决实际问题的能力。教育的内容与形式将通过青少年教育团体和设施来具体介绍。

（1）儿童文化中心和少年自然之家的活动

儿童文化中心通过陶冶情操，普及科学知识，接触文物等促进儿童的自发活动。

少年自然之家主要是通过让儿童接触大自然，培养热爱大自然之心。通过集体住宿生活养成守纪律、团结、友爱和为他人服务的精神。

（2）少年团体和青年团体活动

日本的少年团体分地区性的和目的性的两种。地区少年团体有儿童会、儿童俱乐部、少年团等名称各异的团体组织。这些团体大多数是在一定的社区组织和民间志愿者组织的扶植下，自主地开展活动。活动内容有联欢和交流，有每月的例行活动和在假期举行的娱乐活动、体育活动、定期服务活动、文艺活动、生产活动和学习活动等。目的性的团体活动如童子军的活动是通过儿童自发的活动，增强自身健康和自我服务精神与能力，谋求人格的发展和行动能力的提高。海洋少年团的目的是使儿童热爱大海，加深对海洋知识的了解，同时通过团体训练提高品德涵养和加深团队合作精神。

青年团体有地区青年团，目标团体如日本健青会、友爱青年同志会等，还有修养团青年部、日本青年联盟、日本产业青年协会等。地区青年团的主要活动有：组织青年指导者研修、开办地区青年指导者培训讲座、组织学习活动、青年体育活动和艺术活动，参加美化国土运动和社区组织的其他活动等。

（3）青年学级、劳动青年学校、青年教室等

青年学级是由市镇村实施的，是对劳动青年进行教育的一种主要形式，以使广大的劳动青年掌握实际生活中必需的职业或家务的知识和技能，提高一般文化教养为目的。

劳动青年学校，以受完义务教育后未进入高中而直接就业的 15 岁至 18 岁青年为教育对象，进行继续教育。有夜间制、白日制和昼夜制三种。学习内容一般教养性内容占 37.4％，职业和家务内容占 48.9％，特别教育活动、学校例行活动及其他内容占 13.7％。

青年教室是与青年学级同一目的的，学习小组形式的小规模教育组织。为满足人口稀少地区和流入城市的各类青年在各种生活状态下不同的学习要求而设。情操、教养性内容所占比例最大，其次是体育、艺术。

（4）少年学级、讲座

以少年为对象的学级、讲座，以文化体育为主题或名称，目的在于使广大少年在学校以外持续地追求自己感兴趣和所关心的事情，获得丰富的创造性和社会性等。由县和市镇村的教育委员会以及公民馆设置。

（5）青年国内研修和新就业者研修

青年国内研修是从"振兴乡土"这一目的出发派遣劳动青年代表到其他地区，通过接触派遣地的教育、文化、产业的实际情况，以提

高见识，是由各都道府县从 1959 年开始组织的一项社会教育事业。分县内县外两种类型和实地研修、参观学习、与当地青年开展交流、调查、学习实用技术等。

新就业者研修是以初中毕业后直接就业的青年为对象，通过集体住宿研修，使其具有作为职业人、社会人的自觉意识，并培养他们参加青年活动的精神准备。从 1965 年开始由地方公共团体实施，以 4 天 3 晚的住宿研修为原则。

（6）青年之家活动

青年之家分为国立、公立和民间三种。国立青年之家创立于 1959 年。目的在于谋求四项教育目标：第一，培养守纪律、团结、友爱和服务精神；第二，培养自律性、责任感和实践能力；第三，提高相互合作意识，培养爱家乡、爱祖国和增强国际理解的精神；第四，谋求有教养、高情操和强体魄。研修内容有体育，娱乐活动、职业知识和技术、一般文化教养性内容、野外活动、艺术、文化活动、青少年团体活动等。公立、民间的青年之家则是对国立青年之家的一种补充。

2. 日本成人教育活动

日本的成人教育是以完成学校教育的人为对象而进行的教育，是学校教育之后的继续教育。活动方式介绍如下：

（1）成人学级、讲座等形式

成人学级是以一般成年人为对象开设的社会教育学级的总称。1947 年始开设。成人学级的学习内容是以提高成年人的文化教养为主要目的的。有一般教养性内容，如文学、历史、哲学、教育、心理、政治、经济、时事问题等，还有关于职业、技术、生产方面的内容和有关家务、家政方面的内容。有关兴趣、体育、娱乐方面的内容也包含在内。

成人学校是以一般成年人为对象，运用讲座形式进行的一项社会教育形式。是在社区发展起来的，开设者为市镇村教育委员会。社会教育主事承担具体工作。学习内容没有特别限制，多是有关科学、职业、生活方面的知识和技术。

市民大学是社区居民自发创办的或由社会团体和公民馆等社会教育设施开办的面向成人的学校，也称自由大学、社区民众学校等。以教养性学习为主，学习内容专业性系统性较强。

劳动学校和农民大学是以劳动者为对象的"劳动文化讲座"，以提高在职劳动者的职业知识和专业技能并进行学会生存、思考社会的综合性教育为宗旨。

成人大学讲座1976年开设，以进行一般文化教养和有关专门性知识、技术的学习为目的。

在日本，除了地方公共团体广泛地开设面向成年人的学级、讲座以外，一些民间机构和大企业也都以所在地的居民为对象纷纷开设各种学级和讲座。

（2）学校公开讲座等形式

学校公开讲座是学校利用其设施和职员，以普通成年人为对象，面向社会举办的讲座。

大学公开讲座。文部省从1946年起委托国公立大学、高等专门学校开办专门讲座、夏季讲座、文化讲座。私立大学也可以独自开办讲座。大学公开讲座的内容多种多样，并随着时代的发展而有所变化。另外，短期大学、高等专门学校、高中及其他类型的学校也都可以面向社会上的成年人举办公开讲座。

（3）社会函授教育

1947年文部省制定了函授教育认定规程，确定了社会函授教育的文部大臣认定制度，使函授教育制度化。《社会教育法》确立了社会函授教育的法立地位。并规定为"在一定的教育之下，用通信的方法向听讲者寄送教材等，并采用问答、批改指导、释疑的形式进行的教育"。

社会函授教育的内容一般可分为事务类、技术类、生活技术和教养类几种，以技术性内容为主，强调实用性。

（4）成人团体 PTA 的活动

PTA 是家长教师联合会的英文缩写，1946 年在美国教育使节团倡导下成立，是家长与教师紧密合作，有效地使学校、家庭和社区联系在一起，以谋求学生健康成长为目的的组织。PTA 作为成人社会教育活动团体，活动较活跃。全国性的活动主要有召开研究集会、进行调查、发行机关刊物《日本 PTA 新闻》。地方性组织的活动主要有：①体育娱乐、野外活动；②改善社区的教育环境；③校外生活指导；④PTA 会员的学习会；⑤其他活动，如父（母）子讨论会、创作活动、乡土文化传承活动、服务活动等等。

3. 日本妇女教育

日本的妇女教育是把妇女看做是国家的公民、家庭的主妇、儿童的母亲、劳动妇女等种种角色。对她们进行关于市民生活、家庭生活、职业生活所必需的知识、技能和文化教养的教育，在日本成人教育中具有重要地位和作用。主要的活动形式介绍如下：

（1）妇女学级、讲座等形式

妇女学级是以妇女为对象，有组织有计划并且是集体地进行的一种学习形态。文部省在《关于市镇村开设的妇女学级》通知中对学习内容作了如下规定：第一，作为市民，要学习有助于形成社会连带意识的内容；第二，作为主妇，要学习提高家庭管理能力的内容；第三，作为母亲，要学习对家庭教育加强关心和加深理解的内容；第四，作为就业妇女，要学习确立职业观，掌握职业知识和技能的内容。可见，学习内容涉及女性作为各种社会角色和在社会生活中要面对的一切方面的问题。因此，妇女学级在妇女教育中起着核心作用。妇女学级的开设者有市镇村教育委员会、妇女团体、妇女志愿者和其他行政机构。

妇女讲座是以母亲教室、妇女教室、生活学级、消费者教室、妇女大学等名称展开活动的总称，是以市镇村的公民馆定期讲座的形式开设的，也有妇女团体、妇女志愿者开设的。战后初期至 60 年代是大发展时期。近年来"妇女职业生活准备讨论会"和"妇女问题学习讲座"成为新的讲座内容。

（2）妇女国内研修

妇女国内研修是指由各都道府县派遣其妇女代表到其他地区，对该地区的妇女教育、文化、产业、生活、团体活动等进行实地考察和调查研究，同时还与该地区的妇女代表举行联欢活动的妇女社会教育活动形式。该项活动始于 1960 年，参加者每县平均 11 人，全国每年约有 600 名妇女参加这种研修活动。研修时间一般在 5 天左右。研修内容涉及妇女学习班的运营、公民馆活动、妇女会活动、家庭教育及其他产业文化活动等等。

（3）妇女团体活动

日本妇女团体多种多样，活动的内容依据团体的性质不同而各异。有全国组织的妇女团体，多数是举办全国规模的研究集会，进行指导者养成工作。地区妇女团体的活动，除了学习活动外，还有妇女大会干部研修、研究集会、妇女问题会议、新生活运动、增加储蓄运动、国土美化运动、青少年保护育成运动、家庭生活和家庭教育咨询、发行机关刊物、整理调查资料等活动。

（4）妇女教育设施的活动

妇女教育会馆是专门的妇女教育设施。妇女教育会馆的职能主要有：一是举办学级、讲座、讲演会、展示会等，为妇女提供学习机会；二是为妇女团体和小组的自立活动开放场所。

国立妇女教育会馆对全国的公私立妇女教育设施起辅助作用，建于 1977 年 10 月，设置在琦玉县。主要活动内容有如下几方面：①研修事业：对妇女教育指导者和关联者开展实践性研修事业；②交流事业：国内外妇女交流集会；③调查研究事业：调查国内外妇女教育事业发展情况，研究日本妇女教育事业的现状和未来；④信息事业：收集、整理有关妇女教育方面的信息。

4. 老年人教育活动

日本在 20 世纪 70 年代跨入老龄化社会，从 20 世纪 50 年代后期以来把老年人教育作为一项重要的社会教育课题。主要采取如下形式开展活动。

（1）高龄者学级、高龄者教室等

高龄者学级是以 60 岁以上的老年人为对象，在公民馆开设的学级。学习时间一年最少 20 个小时。学习内容主要有医学知识、营养与食物、精神卫生等保持健康的方法；家庭和社会中的人际关系；晚年的生活方式；时事问题等。学习方法除讲义、对话外还利用视听教材。选择有专门知识、技术和经验的人充当讲师。

高龄者教室是为了使老年人能够提高适合其年龄的社会能力，积极地寻求其人生的价值，向他们提供学习的机会而开设的。学习以讲座形式进行。内容主要有：理解社会变化、理解年轻一代、维持健康、充实兴趣和文化教养、参加社会服务活动、提高老年人适应年龄特点的社会性工作能力。

培养志愿者讲座也是近年来兴起的重要的老年人社会教育活动之一。学习内容有兴趣和教养、生活传承文化、社会服务活动、志愿者的意义和现状等。

（2）发挥高龄人才作用事业

这项事业是招募具有专门知识和技能的年龄在 60 岁以上的优秀老

年人才，经过必要的培训（在 20 小时以上），然后，派遣他们充任儿童会、青年小组、妇女学级等各种社会教育活动的指导者的一项事业。这项事业是为开拓老年人长期积累起来的知识、技能和经验，提高老年人的社会责任感，增加社会教育的指导者。同时，这项事业的推广普及还可以大大减少有关费用的开销，提高社会教育适合的利用效率。

（3）老年人大学、大学院及长寿学园等

老年人大学是为了使老年人的闲暇更有意义，实现老年人的生存价值和交友为目标。主管单位是区教委社会教育课。课程有三类：课程 A 为一年级课程，主要通过讲演和谈话学习广泛的一般性文化教养的内容；课程 B 为二年级课程，分课题组集中并加深学习在课程 A 中所学的内容；课程 C 为三年级课程，实行选修制，分两期进行。前期学习关于健康、文学、生活、身边的法律等内容，后期学习宗教与丰富的人生、乡土史，创造丰富的人际关系。

大学院的课程则是为进行更高层次的学习，使参加者具备作为地区活动中的老年人优秀援助者的素质。

长寿学园是在文部省资助下于 1989 年成立的。这是为老龄人建立的一个学习的场所、参与社会的场所、结交朋友的场所。课程有基础课程和专业课程两种。上课时间一年约 600 小时，实行学分制。学习时间在 2 年以上，修满 20 学分以上者，授予结业证书。教育目标是培养老年人教育活动的指导者。

总之，各种老年大学都是综合性的、体系性的老年人福利措施。

5. 日本家庭教育活动

社会教育意义上的家庭教育活动，主要是指以儿童的父母为对象，提供学习如何进行家庭教育的知识和技术等各种机会为目的而展开的教育活动。这是一种较为特殊的成人教育。教育活动主要有以下形式。

（1）家庭教育学级、讲座

家庭教育学级、讲座是一种以儿童的父母及其他关心家庭教育的成年人为对象，进行有关家庭教育的、有计划的、持续性的学习形态。家庭教育学级的学习内容主要有儿童的身心发展、家庭环境、社会环境、娱乐、体育活动、学级的运营等。

婴幼儿学级是以婴幼儿的父母为对象，进行有关婴幼儿期家庭教育的学习。还有以新婚夫妇和处在妊娠期的年轻妇女即未来的父母们为对象而开设的，分别被称为鸳鸯学级和新家庭学级。20世纪80年代又兴起面向劳动父母的学级，解决工作和育子对立的问题。讲座内容有：职业生活和家庭生活的并存；工作和孩子的生活；家庭生活中父亲和母亲的作用；现代青少年的思维方式和行动特性；家庭的教育作用等。

（2）家庭教育咨询事业

家庭教育咨询事业，是帮助有幼儿的父母解决在家庭教育上所面临的现实问题为目的的咨询和指导活动。咨询对象为有1—3岁第一个子女的年轻父母。实施方式是由都道府县收集有关幼儿期家庭教育中应注意的事项，以明信片等通信的方式向父母们提供信息资料，或组织有一定学识和经验的人组成家庭教育巡回咨询班，派遣他们到各地直接倾听父母们的苦恼，并提出指导性意见。另外还进行电视或网络解说。

（3）家庭教育综合研讨事业

文部省和都道府县专门组织由有一定学识和经验的人组成的"规划研究委员会"，召开以广大父母为对象的地区级家庭教育研讨会，将研究成果编辑成资料分发到每个家庭之中，以供父母进行家庭教育之需。另外，还专门制作和发行家庭教育资料，作为社会教育者所用的资料。文部省还开展家庭教育的地区交流活动和委托民间广播教育协会播送家庭教育信息电视广播节目。近年来文部省还大力支持民间团体或个人制作有关的网络视频节目。

6. 日本同和教育

同和教育是指旨在消除不合理的等级差别，使所有的人获得真正自由与平等的教育。又叫民主教育、解放教育，战前曾叫融合教育。

同和问题从 1871 年的明治解放令为起点，当时针对的是封建社会的身份差别，以否定身份、宣告平等为主要内容。在近代社会发展的 100 多年里，在少数边远偏僻地区，仍存在着一些原始或封建共同部落。他们与一般社会人相脱离，固守着传统的经济形式和方式，社会和文化水平都处于相对落后状态。日本的同和教育就是为了解决这一问题而进行的教育活动。

同和教育在日本是由学校、社会、家庭共同分担的。日本社会教育中的同和教育，主要采取如下措施：

（1）充实社会教育中的同和教育活动

首先是扶植有关社会教育团体。文部省从 20 世纪 60 年代开始，委托市镇村扶植同和地区的青少年团体和妇女团体以及成人团体。文部省还实行国库补助，专门列有"有关同和社会教育预算"。其次是委托市镇村开办学级、讲座等。文部省从 20 世纪 60 年代起实行国库补助，以促使同和地区的青少年和成年人改善在家庭及地区社会中的人际关系，掌握生活和职业方面的知识、技术。同和教育学级、讲座一般是由社会教育设施和团体开办的。另外，对同和教育指导者研修、同和对策集会场所的指导事业都十分重视，实行经费补助。

（2）整顿同和对策集会场所

为了振兴同和地区的社会教育活动，文部省把扩建同和对策集会场所作为一项重点措施。具体措施有对集会场所设置费进行国库补助；对市镇村在建设同和对策集会场所时必要的占用土地经费进行国库补助；对新建场所购买设备进行经费补助。

四、俄罗斯社会教育的内容、形态及活动方式

传统的俄罗斯普通的中小学教育总是注意日常的数学效果、数学成绩，而对学生的健康、适应程度、自我实现的可能性和儿童能力的发现都缺乏应有的考虑。在全新的、十分复杂而又迅速变化了的社会环境中，如何使学生很好地处理家庭、学校、社会三者之间的关系成为社会工作者关心的问题。目前在俄罗斯出现了一种新的培养模式——社会工作者走入家庭。

(一)"智囊"模式

社会教师联合当地有名的心理学、医学和权力方面的专业工作者建立特殊的服务，这种集体被称为"智囊"。它的工作内容是：

1. 诊断家庭、微观社会智力圈的社会—心理状况；

2. 帮助家庭适应变化着的社会—经济条件，保护其积极方面的因素；

3. 研究儿童和成人的利益和需求、困难、家庭的各种生活问题；

4. 进行家庭和儿童的问题预防和矫正工作；

5. 对神经系统不稳定的儿童或成人给予心理—教育的帮助；

6. 协助环境健康恢复；

7. 促进提高家庭心理—教育文化水平的提高。

保护儿童的利益，在健康和学习问题上与家长、教师进行交流，在同学关系方面给予帮助。同时与其他机构建立联系，对儿童给予更有效的保护，帮助儿童从不利的环境中分离出来。按通常的惯例，每

周的星期五进行晚间接待活动，来访者有儿童、家长、有各种问题的成人。

"智囊"的工作者们采用古典的和非传统的方法研究儿童、家庭。包括表格法、观察记录、未完成句子填写法、心理分析、研究家庭学术专著、谈话等。

通过调查问题集中表现在：儿童行为、学习、交往困难。例如不愿意学习、不好的分数、与教师的冲突、不理解家庭、残酷的家庭状况、过度兴奋、没有朝气、第二特征发育突出、早熟、神经官能症、流浪、不良性行为、自杀企图。最常遇到的是社会适应综合征和经济困难。

综合所得材料，专家们共同分析试图找到解决具体问题的途径。分为三个阶段：

信息—理论阶段（课、任务、与家长的练习）；

训练阶段；

咨询阶段。

对于有经常性冲突的、不富裕的家庭，给他们心理学、社会教育学方面的知识，使其改正不良现象。对于家庭、成人有不良生活方式的，存在不良矛盾的家庭积累，父母的心理学、教育学修养水平很低或完全缺乏的，需采取行政和法律的手段，对他们进行严肃的解释工作。必要时主管部门对儿童给予财政帮助或法律保护。

与父母之间的工作始于对家庭精心的研究，利用不同的方法观察、访问家庭、描述特点系统、亲子之间的询问、谈话、调查问卷、儿童创造性工作。这里有重要的一点是遵守的必要条件：每种方法对其他方法都具有补偿和检查的功能。根据具体情况选择方法，例如：让孩子写命题作文《我和我的家庭的过去、现在、未来》、《我》、《我的家族史》、《我家庭的肖像》。这种方法需采取自愿的态度，而且作文的结果不能在班级或家长会上讨论。

要了解家庭情况可用下列问卷。例如，问卷（一）是研究家庭生活条件的，内容如下：

1. 家庭成员（姓、名、每个家庭成员的父称、出生的城市、教育水平、专业、在哪里工作、职业、在哪儿受的教育）；

2. 家庭预算。每个家庭成员每天的平均消费；

3. 居住条件（居住面积、方便条件的程度）；

4. 孩子是否有学习的空间（房间、角落、桌子）；

5. 家庭有没有小型图书馆、电视、别墅、汽车、电脑。

问卷（二）是研究家庭中对儿童的培养问题，问卷的调查对象通常为家长或法定监护人。具体内容如下：

1. 培养工作中您常用哪些方法（个人事例、要求、说服、惩罚、鼓励、奖励）；

2. 你的家庭要儿童遵守统一的要求吗（是、否、有时）？

3. 你在培养中采用哪些鼓励形式（赞扬、得到家庭集体对好的行为的赞同、给孩子购买新书、购买玩具）？

4. 你采用体罚吗（是、否、有时）？

5. 你所采取的措施对孩子的影响是积极的吗（是、否、有时）？

6. 孩子相信你吗？孩子与你分享自己的秘密吗（是、否、有时）？

7. 为培养孩子你努力控制自己的行为吗（是、否、不经常）？

8. 你尊重你孩子的个性吗（是、否、有时）？

问卷（三）是调查父母培养的可能性，具体内容如下：

1. 父母姓、名、父称；

2. 教育程度：高等、中等、初级；

3. 家庭成员的年龄；

4. 家庭中谁直接从事培养孩子的工作（父、母、祖母、祖父、叔叔、阿姨、兄、姐）？

5. 什么干扰你培养孩子（没时间、知识水平不够、教育学知识不够、认为是学校的事）？

6. 你经常和自己的孩子在哪些地方（博物馆、戏剧院、电影院、音乐厅、大自然、哪儿也不去）？

7. 你同自己孩子的同学、邻居、小伙伴、班主任认识吗？

8. 你认为自己孩子的哪些品质是积极的，哪些品质是消极的？

9. 按照你的观点哪些培养方法更有效（在信任的基础上、在要求的基础上、在尊重的基础上、在严格纪律的基础上）？

10. 你经常与孩子谈话吗？

11. 按你的观点你很好地了解自己的孩子吗？

12. 孩子通常和谁在一起度过自己的自由时间，并怎样度过？

13. 你建议你的孩子将来选择哪种职业？怎样帮助他做职业选择的准备？

问卷（四）用于调查家庭培养的积极性，具体内容如下：

1. 一天内、一周内你用大约多少时间和自己的孩子交往（合作工作、谈话、闲谈、看电影、俱乐部、戏剧院、图书馆、在森林或河边散步等）？

2. 有其他的交往方式吗？请指出它们；

3. 你认为这样的交往时间对培养孩子是足够的吗？

4. 你相信你正确理解了自己孩子的发展特征了吗？

5. 在培养孩子的过程中你经常会遇到哪些困难？怎样解决它们？

问卷（五）用于调查班主任的情况，具体内容如下：

1. 班级有多少学生？男、女生分别是多少？

2. 指出父母任务的基本形式？

3. 多少个家庭能保障在学校以外的自由时间里监督、检查自己的孩子（部分的、不是每天的、不能保证监控）；

4. 你的班级有多少个父亲、多少个母亲经常与学校保持联系？

5. 在你班级里有多少个行为缺陷儿童？

问卷（六）用于调查父母给社会教育工作者的建议，具体内容如下，让家长用最快的速度完成句子：

1. 在我孩子学习的学校，我喜欢_____；

2. 我孩子的学校使我感到不安的是_____；

3. 当我采取正确的决定解决培养问题的时候，我感到最大的困难是_____；

4. 我很想和老师谈一谈关于_____；

5. 我孩子使我不安的是_____；

6. 如果我处于老师的位置（班主任），那么我会_____。

上述问卷调查可帮助社会工作者进一步了解不同家庭的培养条件、培养的可行性，深入实际来论证家庭培养潜力的完整概念。根据父母的个性特征、社会工作者与家长所在工作单位的社会组织、单元邻居、社会管理部门建立联系，以便获得关于孩子父母生产活动的情况、家庭道德气氛关系的情况以及父母在培养孩子的责任方面的情况。

社会工作者认为谈话法是非常有效的，如果父母与老师之间能够建立相互尊敬、相互信任的关系，谈话能得出必要的结论。

研究家庭是十分复杂的事情，要求专业工作者除具备相应的专业能力以外，还要能够理解其工作的特殊性，与父母建立事务性的联系，达到相互理解。有三种形式供研究者参考。

第一种形式：召开家长会。在家长会上评价家庭培养的结果，交流经验，提出新的培养任务。深入传播教育知识，创立能扩大家长与教师合作的条件，解决班级生活的具体问题。

第二种形式：每年举行1—2次的父母研讨会。由社会工作者确定大众关心的、力所能及的、能引起争论的话题。例如一次研讨会上选择了《家庭中对儿童的奖励和惩罚》的主题，同时提出与此话题相关的若干个小题目：

1. 奖励在培养儿童中的作用如何？举出奖励你孩子的有积极影响的事例。

2. 你们在家中经常使用哪些奖励形式？

3. 你们如何鼓励孩子所表现出来的诚实、正直、勤劳、对人尊重的品质？

4. 奖励孩子时需要方法吗？为什么要奖励孩子？

5. 回忆自己的童年，家里人对你惩罚过吗？你对惩罚持有什么态度？你对孩子的不良行为是否有过惩罚？

6. 你如何对待体罚？孩子对其反应如何？

7. 体罚与形成孩子消极情绪有什么联系？

8. 奖励和惩罚中父母的要求一致有什么意义？

9. 你了解哪些著名教育家关于奖励和惩罚孩子的名言？

父母研讨会是提高父母亲心理学、教育学知识修养的有效途径。

第三种形式：教育实践练习。在谈话或研讨会后，为加深理解家庭培养的经验，可让家长做一些问卷练习。例如"父母培养儿童，那谁培养父母呢？"让家长诚实地回答问题，问卷会补充他们作为家长的见解，并作出正确的结论。

问卷（一）：你可以做到吗？

1. 在任何时候放下自己所有的事情而与孩子在一起；

2. 和孩子商量事情，而不顾及孩子的年龄；

3. 在孩子面前承认错误；

4. 自己有错时在孩子面前表示歉意；

5. 控制自己，保持镇静，即使在孩子的行为失去控制的情况下；

6．把自己放在孩子的位置上；

7．孩子相信你如同相信红色女王，哪怕只是一分钟；

8．向孩子叙述竞争中富有教育意义的事情；

9．经常克制自己不使用那些伤害孩子的词和句子；

10．鼓励孩子去实现美好的愿望；

11．给孩子找出一天时间，他想做什么就做什么，没有任何东西干扰他；

12．如果你的孩子殴打、粗鲁碰撞、不公正地欺侮其他孩子，你对此不做反应；

13．坚持反对儿童的请求和眼泪，如果相信这是任性、短时间的苛求。得分规则：

a．我能并总是这样做——A：3分

b．我能，但有时这样做——B：2分

c．不能——C：1分

如果分数在30—39分之间，表明孩子是你生活中的最高价值。你不仅渴望了解，而且渴望理解他尊重他。继续恪守你的培养原则，进一步采取先进的经验，你会在培养儿童的道路上，取得良好的结果；

分数在16—30分之间，表明孩子对于你来说是重要的，你拥有培养者的能力，但在实践上不是连续的和有方向的。有时你过分严厉，有时过度软弱。此外你倾向折衷，而折衷会减弱教育过程的功能。这也是教育效果不尽如人意的重要原因。你应当严肃地思考自己培养孩子的观念；

分数少于16分，表明你在培养孩子方面存在严重的问题。你缺乏知识和热情，用自己的个性教育孩子，而不是用理性的方式。建议去社会教育工作者、心理学工作者那寻找帮助，并阅读家庭教育和培养方面的书籍。

问卷（二）：你是什么样的父母？

如实回答题目，"是"或"不是"。

1. 你感到骄傲吗？你的孩子是从天真变成认真、现实的人吗？

2. 当孩子获得好的评价时，你奖励他吗？

3. 你能正确回答孩子与性有关的问题吗？

4. 你能准确知道孩子应该了解什么、不应该了解什么？

5. 你经常亲吻或爱抚自己的孩子吗？

6. 你坚持孩子应自己保持其房间的秩序吗？

7. 你有勇气在孩子面前承认自己的错误吗？

8. 你尊重孩子有个人秘密的权力吗（信、日记）？

9. 你经常重复口头禅《在我的时间》？

10. 与孩子分享自己的喜悦和忧伤吗？

11. 作为惩罚手段你经常禁止孩子看电视吗？

12. 你经常问孩子，如何度过自由时间？

13. 如果想象自己是社会工作者，会成功地培养孩子，你拥有这种能力吗？

14. 旁人在场时你批评或惩罚自己的孩子吗？

评分标准如下：

1—不、2—不、3—是、4—是、5—是、6—不、7—是、8—是、9—不、10—是、11—不、12—不、13—不、14—不

符合上述标准的题目得 1 分，具体含义如下：

1—2 分：家长太严厉，对细节过分苛求，应该克制一些；

3—5 分：培养的结果是不好的，不会要求孩子，应给孩子独立解决问题的机会；

6—8 分：中等结果，教育立场存在不稳定性。有时要求太多，有时允许太多；

9—11分：带着快乐和智慧培养孩子，虽然不能完全了解教育学的思想；

12—13分：少有的好父母，孩子生活的依靠所在。

（二）收养家庭——俄罗斯保护儿童的新模式

在儿童收管中心，孩子第一个反应通常都是恐惧和不安，从而造成儿童精神抑郁、意志消沉，或者自身变得富有攻击性，严重时甚至会形成反社会倾向。虽然收管和慈善机构致力于保护儿童生活及身体的健康，但结果不甚理想。

通过科学的观察和工作经验表明：儿童收管中心的孩子并没有获得独立生活的技能，不能正确面对最简单的日常情况。在欧美一些国家近年来经常不采用公共的培养方式，例如，美国有冲突的家庭1/4的孩子被安排在公共的儿童中心或孤儿院生活，而其余3/4的孩子则在收养家庭中生活，这种方式被称为更好的、积极的方式。

1996年3月新的《俄联邦家庭法》生效，其中专有一章是关于收养家庭问题的。收养家庭区别于以前的监护家庭、领养义子家庭、儿童之家等。

监护家庭一般由亲属或熟悉的人承担，监护者不获得任何物质的奖励，但要支付监护者一定的津贴用于被监护人的必要开支。监护人有权监督、保护和使用被监护人的动产和不动产，但无权用于个人的目的。

领养家庭——新的法律家庭。养子（女）有权获得与养父母有血缘关系的孩子的权利和义务。

儿童之家的培养含义是收留儿童若干年直到其成年，基本任务是使孩子与那些未能给孩子创造身体、心理和社会发展条件并对其个性带来不良影响的家长隔离开来。

收养家庭不同于上述三种培养方式。收养父母没有管理孩子财产的职能，这些问题由监护管理部门负责。

收养家庭一般与被收养孩子的家庭不认识，收养人年龄不超过55岁，夫妇、单身、未婚、有否自己的子女均可。

收养者首先要签订自己活动的合同，谈好劳动报酬，了解自己的权利和义务，收养孩子的时间长短，其劳动算入工龄。收养家庭要与孩子的亲生父母保持联系，在收养期结束时将孩子送还其父母。

收养家庭这种培养模式的运作当然不是很容易的事情，首先要对孩子的家长做大量的思想工作，预先说好，当他们自愿接受戒酒、戒毒和其他疾病治疗之后，在他们改变自己的生活方式之后，将孩子归还给他们。

孩子在收养家庭可获得保障其身体、心理、社会等各方面顺利发展的良好条件。实践表明还有许多家长不能为归还自己的孩子而戒掉不良的生活习惯。因此收养孩子的时间逐年增加，从1年到10年，甚至到孩子成年。

其次，挑选收养人也非易事。要借助相关调查了解收养人的年龄、性别、社会地位、居住条件、职业和工作地点、宗教信仰、收入、健康状况、业余爱好等等。更为困难的是确定收养人的个性心理特征、收养儿童的动机、夫妇关系的特点、培养自己孩子经常采取的措施、对青年问题的理解、对被收养孩子父母的态度等等。

挑选收养人的工作需要以下几个阶段：

（1）由儿童保护机构人员通过电话等途径认识志愿者，填表注明自己的性别、年龄、健康状况。

（2）由社会教育工作者评估其具有的教育可行性，询问其单位的同事、居住的邻居了解必要的情况。在所得信息的基础上由收容、慈善机构的社会委员会和社会工作者共同决定志愿者是否胜任该项工作。

（3）入选者须经过培养活动的培训。培训的期限不同国家情况也不同。美国是 15 天，英国是 3 个月，荷兰是 40 小时（只是提供一些实践知识）。在俄罗斯这种培训期限从一个月到半年不等。培训内容包括学习宪法、了解保护儿童的机构的结构、收养家庭在该系统中的地位、掌握儿童心理学知识，了解风险家庭的生活方式。

最后，对收养人的劳动报酬的制定标准也不好确定。一些人认为工作时间应按每天 24 小时计算，而一般可接受的标准是按教师的工作量衡量。例如，收养 4 岁以下的孩子，工资是最低的，收养 14－17 岁的孩子，其工资应是最高的。

综上所述，虽然收养家庭的培养模式在俄罗斯还处于发展阶段，但问题已经提出，定会由点到面地发展起来。

（三）传统与现代的结合——夏令营活动

苏联时期实行免费教育和免费保健及其他社会福利，每到夏季孩子们都能在夏令营度过美好的时光。苏联解体后，俄罗斯虽面临经济困难，但夏令营活动依然富有朝气地开展着。

如何组织夏令营的生活？社会教育工作者总结了许多丰富的经验。

通常由 6 岁到 9 岁的孩子组成一个小队，人数不超过 20 人。每个小队选好自己的名称和口号，例如下面几个方案。

"男孩子夏令营小队"，口号是"向前进，男孩在召唤"。

"太阳夏令营小队"，口号是"我们是你的光芒，你教我们成为善良的人"。

"快乐的蚂蚁小队"，口号是"我们像蚂蚁一样友好"。

"南方夏令营小队"，口号是"不坐在板凳上，总是向前走"。

"快乐夏令营小队"，口号是"没有微笑的生活就是错误"。

低年级的孩子总是带着兴趣参加活动，因此可组织几个专题日，例如以下几个方案。

1. 生态日

目的：激发孩子产生对自然环境的兴趣和热爱，教孩子怎样与大自然交往。

活动内容：在草地上做早操；在夏令营周围进行生态侦察；大自然鉴赏者竞赛；《大自然与幻想》展览会；沿生态小路旅行。

2. 蚂蚁的活动

目的：教孩子观察周围世界，以蚂蚁为例，通过这个活动形成保护自然的意识。

内容：关于蚂蚁在大自然中的益处的谈话；制作保护标志；寻找蚂蚁窝的侦察兵演习；放置保护标记；观察蚂蚁窝；关于蚂蚁的信息和故事。

3. 大自然鉴赏家竞赛

吸引7—9岁的孩子参加这个主题日活动，竞争评分由不同颜色的叶子组成。红色5分、绿色4分、黄色3分，等等。竞争知识的内容如下：

第一阶段——"我们的森林"，指出树木或灌木，说出他们的特性、特殊的标记；

第二阶段——"绿色的药房"，说出具有药用价值的植物，如何使用它们；

第三阶段——"森林动物"，说出生活在森林中的动物，指出它们的生活习性；

第四阶段——"沿着鲁滨孙的足迹"，说出野生的植物，它们可以食用。怎样识别它们，怎样制成食物；

第五阶段——"小神眼"，用肉眼确定树、灌木的高度、河流的宽度。

4. 旅游—游戏

在成年人的领导下夏令营小队的学生们准备游戏。确定游戏目的、制定旅游路线，为路线的各站命名。

在"森林站"找出树木生长的果实、它们的名称。确定树木的年龄、叶子的名称和其他外部标志。

在"花谷站"找出用于药材的花，如何使用它们。

在"音乐站"倾听描述大自然景色的音乐作品，找出代表不同鸟的声音的乐段。

内容丰富、形式多样，适合于不同年龄的夏令营活动可以增强儿童的体质，帮助儿童发现自己的爱好，提供给儿童表现自己才能的机会，掌握新的技能，学会发现周围环境的美，培养对大自然的热爱和保护意识。这种积极的娱乐形式在俄罗斯各地被广泛采纳，为中小学生的暑期生活增添了靓丽的景致。

第四章　世界各国社会教育的改革、特点与发展趋势

社会教育是与社会、经济、文化和科技发展联系最为紧密的教育领域。当前世界科学技术加速发展，国际经济一体化的格局正在形成，1965年保罗·朗格朗提出的终身教育思想被世界各国普遍接受，为社会教育提供了广阔的发展前景。

从20世纪80年代以来，随着世界教育改革高潮的到来，世界各国纷纷对社会教育进行了改革，提出了新的奋斗目标。使各国的社会教育逐渐呈现了科学化、多元化、高层次化、体系化、法制化的特点和发展趋势。

但是，进入21世纪以来，世界各国的社会教育也面临许多问题，其中突出的有：扫盲任务仍很艰巨，职工培训亟待提高，职业教育需要规范，社会教育法规有待完备，社会教育研究应不断深入，终身学习体系尚待建立。所以，深入研究世界各国社会教育的改革、特点和发展趋势，无疑是十分有意义的。

一、美国社会教育的特征、改革与展望

（一）当代美国社会教育的基本特征

美国社会教育和其他国家的社会教育一样具有对象的全民性、机构与方式的多样性、内容的广泛性等基本特征。除此之外美国社会教

育还具有与其他国家社会教育不同的特点。下面就美国社会教育内容的倾向性、教育机构在社会教育中的地位以及社会教育运行的机制等方面谈一下它的基本特征。

1. 社会教育内容的职业化倾向明显

在美国，高度发达的市场经济培育和促进了劳动力市场的发达，形成了以市场为导向的职业教育和培训以及就业的模式。从而人们可以较自由地转换职业，社会公共教育机构和其他相关机构都参与到教育活动中来为人们的经济活动提供教育服务。战后，几乎每次大的科技进步和产业升级都从美国开始。它促使美国社会每年都出现大量新的职业岗位，同时又有大量的职业岗位消失。人们需要不断地提高自身的职业能力，才能不断适应科技水平提高引起的职业岗位技能要求的提高。所以，在美国人们只有不断地学习和接受培训，才能适应工作的要求，从而使人们对职业教育课程的需求量很大。学校教育对这种需求不可能完全胜任，而社会教育则在这方面大有作为。这一特征在美国成人教育中体现得很明显。据统计，20世纪80年代以来参加成人教育活动的人中有3/4接受的是职业课程或与职业技能提高有关的课程。美国联邦政府通过立法对失业或就业时间不足人员进行的教育资助活动，主要也是以职业课程为主。

2. 学校教育机构在社会教育中发挥着重要作用

美国有着发达而完善的学校教育系统，承担着儿童、青少年的正规学校教育任务。同时它们又普遍地向社会开放，向社会成员提供各种教育服务，并鼓励和吸引人们更好地参加到教育活动中来。这一传统从19世纪30年代美国公立学校建立时起即已开创。后来的公立中学、州立大学、社区学院等都具有向广大社会成员开放的特点。就成人教育而言，有超过一半的有组织的成人教育项目是由学校系统提供的。这一特征的优势是明显的。

首先，它能够使学校的设施、设备、师资资料等得到更充分的利用，发挥更大的社会教育作用。在美国公立中小学和社区学院中都有设备先进的图书馆、阅览室、游泳池、运动场等，在下午四点以后对社区成员开放。同时，社区中的公园、植物园、图书馆等公共场所对中小学生免费服务。

其次，这有利于学校教育与社会教育之间发生广泛联系，使二者互相配合、互相补充和支持，发挥各自的职能优势。有利于吸引更多的社会成员参与到学校教育中，减少学校教育对社会的隔离，从而使学校教育能更有效地进行。

3. 社会教育活动具有市场化特征

美国是一个市场经济十分发达的国家，几乎人们日常生活中的所有事物都要以经济价值来衡量，渗透着市场化气息。并且，人们也已经习惯于通过市场来寻求对个人各种需求的满足。这同样也深刻影响着与人们的生产、生活、娱乐等密切相联的社会教育活动。如果用简化的方式说明美国社会教育活动开展的运行机制的话，那么它就像一个发达的自由市场。一方面是社会发展向人们提出各种各样的要求和提供种种便利条件，促使个人产生了社会教育的需要。另一方面是各种社会教育机构提供着各种各样的社会教育课程或活动。如果一个人想得到某种社会教育服务，那么他只需交纳一定的费用就可获得所需的资料或服务。这种"市场化"的社会教育运行方式对促进美国社会教育事业的发展起到了不可低估的作用。

首先，它调动了众多社会教育机构开展社会教育活动的积极性。与学校教育和家庭教育不同，社会教育活动的参与者大部分是成年人，他们绝大多数担负着一定的社会责任，有着接受教育和训练的强烈要求。同时，他们具有可支配的相对充足的各种收入，所以能够支付接受教育活动的支出。另外，成人所在的组织支持和鼓励他们参加这类活动，这就形成了对社会教育机构提供教育服务的广泛需求。受利益驱动，各类社会机构和团体或组织积极开发自身的教育职能，培育了发达的"社会教育市场"。例如美国的社会文化组织（图书馆、博物馆、科技馆、天文馆等机构），注意举办各种培训班、学习班向公众传播知识。工商企业也出于提高自身竞争力等方面的考虑，积极举办社会教育活动。

其次，"社会教育市场"的发达较好地满足了人们的教育需要。美国社会到处充满着竞争，竞争促使人们不断提高自己，争取在劳动力市场上找到更有利的职位，体现个人价值。从传统的个人主义文化来看，人们非常注重追求个人价值的实现，追求更多的财富和知识，从而也促使人们不断学习与奋斗。社会教育为人们理想的实现提供了便利条件。

（二）美国成人教育的改革、发展和展望

20 世纪 80 年代以来，美国进入了改革与重建的新时期，教育事业受到人们的广泛关注。成人教育作为美国教育事业中一个重要组成部分也受到了各界的重视，在成人教育的改革和发展中呈现出了以下一些重要趋势。

1. 成人教育的战略地位得到进一步巩固，政府的干预继续加强

20 世纪 80 年代以来，美国社会各界对学校教育质量下降和国民中存在的大量职业文盲、功能文盲及全文盲等严重问题十分关注，强烈要求把教育作为国家优先发展战略之一。受此影响，美国成人教育地位获得了质的飞跃，从传统的福利性、地方性事业变为国家社会经济全面发展所必须的教育战略的重要部分，受到联邦政府的重视。尽管

联邦仍不直接系统地进行管理，但有关成人教育的拨款和立法力度大大加强。1988 年联邦预算投入成人教育拨款为 1.34 亿美元，比 1987 年增加了 2 100 万美元。① 联邦政府 1990 年提出的六大教育目标之一就是：每个成年人都具有文化知识和在国际经济活动中的竞争能力。1991 年发布的《美国 2000 年教育纲要》以提高全体美国人的知识技能标准为宗旨，明确提出建立私营企业的技能标准和技能合格证书制度，以规范每个雇员素质，要求成人"回到学校去"，把美国变成"学生之国"。1993 年成立的"总统可持续发展委员会"经过两年半深入而广泛的研讨，1996 年初向总统提交了《可持续发展的美国》研究报告。这个由政界、工商界和民间团体的专家合作研究而写成的报告提出，信息、知识和教育等方面必须得到加强，技术革新与效率提高是经济增长的重要基础，继续教育与劳动者培训是可持续发展所需教育的重要组成部分。社会和私人用于教育和培训方面的总投资必须增加。克林顿总统 1997 年的国情咨文要求开展一场全国性运动以提高美国教育水平，美国人都必须有在职学习机会。社会各界对政府的这些举措反应强烈，明确表示支持。②

2. 终身教育思想成为成人教育改革和发展的指导思想

终身教育思想形成以来即对美国成人教育实践和理论研究产生了深刻影响。为此，美国教育家提出终身学习（终身教育在美国又叫终身学习）的概念应是理解和评价美国所有教育成就的基本理论原则，应当从总的方面来看待教育，要通过人的一生，从教育活动的所有情境和形态中去看待教育。政府教育行政部门提出要以终身学习原则来组织或重新组织联邦及各州教育，并以之作为国家教育和学习政策的

---

① "Adult Literacy Initiative and Division of Adult Education"，U. S. Department of Education，1990，P. 5.

② 金灿荣 "教育中的政治"，《世界知识》1997 年第 9 期，第 30—31 页。

基础，从而使政府教育部门的组织发生改变。教育实践工作者认识到，早期教育应更受重视，学校应强调教会学生学习，并使学校成为各种年龄的人均能入学的场所。任何年龄的人均有随时接受高等教育的自由，学校、学院和社区应当密切合作，以确保全社区任何年龄的人有机会学习。对个人而言，终身学习意味着一生的学习和工作中可有更多的选择机会，学习与工作将交替或同时进行。

可以说，终身教育已成为美国成人教育改革和发展的原则，它促使社会中所有机构都为终身学习的实现提供更多的便利机会，共同促进"学习化社会"的到来。

3. 人力资源开发成为美国成人教育的主要目标之一

美国社会各界已深切体会到，人力资源开发是当代国际竞争中经济增长的基础，是国家繁荣的关键，成人教育是充分开发人力资源的最直接途径。在美国，人力资源开发甚至成了"成人教育"的新代名词。一方面，成人教育注重劳动者素质的全面提高。20世纪90年代以后，美国劳工部通过两年多研究，提出了从事任何职业必须具备的五种基本能力和三项基本素质。这五种能力包括：运用各种基本资源、处理人际关系、处理信息、综合与分析、运用技术等方面。三种素质是指读写基本技能、思维能力和个性品格。可见，今天的成人教育已不仅仅是昔日解决具体社会福利问题和培训某项职业技能的角色，而是更加注意全面提高成人素质。另一方面，企业视培训与教育为自身发展的战略手段之一。工商界接受了企业应当是"学习机构"的观念，认为充分开发人力资源是企业提高效益的关键。工商业中的培训已成为美国成人教育中发展最快的一个领域，并正成为一种专业化实践。另外，越来越多的大企业从自身需要出发兴办高等教育，设立可授予协士（也译为副学士——编者注）或学士学位的企业大学，甚至建立有授予硕士或博士学位权的研究生院。[①]

4. 成人教育以成人基础教育和成人高等教育为重点在各个层次上全面发展

一方面，作为文化教育发达国家的美国仍然重视扫盲性的成人基础教育。成人基础教育对象已从 20 世纪 60 年代初的未完成小学五年学业者，扩展到今日的未完成高中学业者。另外，当代仍有大约 25％的美国成年人阅读水平低，缺乏基本技能，难以进入社会生活主流。所以成人基础教育仍然受到政府的重视，不过项目重点已转向"功能性扫盲"，提高学员的学习态度和学习能力，使人学会学习。

另一方面，高层次的成人教育更加兴盛，以适应科技日新月异的变化。主要措施和形式已在前面述及。

5. 方便快捷的教育媒体为自主灵活的学习方式提供了有力支持

由于通信技术的发达，教育资源的丰富，闲暇时间的增多，人们日益喜欢选择自主、灵活的学习方式，以适合自己的个别差异和满足各种现实需要。具有开放大学特点的校外学习机构，工作岗位学习、家庭学习、计算机软件学习、卫星教学节目等为人们真正的个别化教育与学习提供了更为丰富的教育资源和选择机会。

6. 少数民族群体、老年人、妇女及残疾人、犯人等特殊群体的教育成为成人教育的重要对象

这主要是和少数民族群体社会地位的变化，美国老年人口增多，妇女就业率升高，特殊教育受到重视等直接因素相关联而出现的一种必然趋势。

---

① 解延平"面向 21 世纪世界成人教育发展趋势"《比较教育研究》1996 年第 6 期，第 21 页。

二、德国社会教育的改革与特点及趋势

（一）德国的社会教育改革简述

二战后初期，德国经济增长率开始下降，到 20 世纪 60 年代中期，这种下降趋势也没有好转。而与此同时，世界上科学技术发展却突飞猛进。这时，德国一些有识之士深感不改革教育，不发展教育，将会出现落伍的危险。并在全国展开了教育改革问题全民大讨论，引起各界的教育改革协定出台。到 20 世纪 70 年代初由"德国教育审议会"起草的《教育结构计划》研究报告书，成为德国教育改革的指导性文件。

该《教育结构计划》指出，"国家每个公民，都应有机会以不同的形式和不同领域实现对教育的同等要求"。在这一思想指导下，德国的社会教育有了很大发展，使社会教育呈现了多元化发展的局面。使广大居民，无论从事何种职业、兴趣爱好如何、原有文化水平与受教育程度如何等，都能在一定程度上找到适合于自己具体情况的社会教育。从而对提高整个民族的文化素质，推动科学技术的进步，发展经济作出了不可低估的贡献。就这一方面而言，德国的社会教育是相当成功的。

德国重视包括社会教育在内的整个教育事业，这是社会教育得以发展的有利条件。当代德国继承了以往多元化办学的传统，并将包括社会教育在内的所有教育都置于国家监督之下，这是发展一个体制健全、内容丰富、切合社会实际需要的社会教育网的有力保证。《教育结构计划》首次提出把教育事业统一划分为五个领域。这使社会教育与其他各教育领域之间联系更加密切，社会教育担负的社会职能更加明确、更有目的性和计划性。

众所周知，德意志民族是一个擅长思辨的民族，在其历史发展过程中出现了不少具有世界影响的大哲学家，也出现了许多具有世界影响的教育家。德国教育家在社会教育理论和思潮方面的贡献亦是有目共睹的。在教育社会学理论与实践的研究中出现了不少理论流派，从而推动了现代社会教育学的形成，促进人们对社会教育认识起到了指导作用。特别是在终身教育理论出现后，社会教育的地位和作用越来越受到世界各国政府和人民的重视。就是说，社会教育的发展使教育的界限扩大了——在人的一生中，青少年时期的学校教育仅仅是短暂的现象，而社会教育才是占据着人的整个生命历程的大部分时间的。基于以上考虑，德国的社会教育更加受到重视并不断地发展与改革。

（二）德国社会教育的特点及趋势

德国在其社会教育发展与改革中呈现了以下几个发展趋势：

1. 法制化

德国人民历经了封建王朝的统治、法西斯的专制独裁以及国家分裂的磨难之后，对和平与幸福充满强烈的渴望，对民主与法制有着不懈的追求，对彻底与完美实施执著的努力——这已形成了当代德意志民族的基本特性。社会教育作为德国政治、经济、文化及社会发展的一个侧面，将这种特性表现得淋漓尽致。依法组织社会教育、依法实施社会教育、依法管理社会教育、依法监督社会教育，不仅保证了社会教育本身的健康发展，有利于社会教育综合效益的取得，也将会推进社会教育总体目标的实现，更重要的是促进了人类社会的向前发展。

2. 多元化

德国是一个文化多元化的社会。社会教育作为教育的一个分支，它既融入了政治、经济、文化及社会的各个领域，也兼容了政治、经济、文化及社会的精髓，则更是多元化的。在德国，国家对社会教育不像对学校教育那样，有整齐划一的和必须执行的强制性法规。社会教育没有固定不变的模式和形式，没有一成不变的教材和内容。教师和学生的角色随着年龄的增长而不断变化并相互交替。学习的地点和目标因人而异，不受国土疆界的限制，社会教育的方方面面将随着时间和社会的变化而变化。

3. 系统化

社会教育涉及国家政治、经济、文化及社会的各个领域和层次。德国各个领域和层次的法人与自然人的积极参与和协调，由此构成了社会教育的独立系统，并且其本身也融入了由德国各级政府机构、社团组织和自然人构成的社会大系统。

4. 学术化

德国历来有重视教育研究的传统，著名的哲学家和教育学家康德是世界上第一位在大学开设教育学研究课程的教授，开创了将教育体系中的重要内容之一——社会教育作为一门学术加以研究的历史，其影响延续至今。德国的大学开设了有关社会教育的课程，各地的教育研究机构也将社会教育作为研究对象，进行深入的理论探讨，对指导和推动社会教育的发展产生了积极影响。

三、日本社会教育的发展 与改革、特点及趋势

（一）当代日本社会教育的综合化发展与改革述略

1981 年中央教育审议会首次提出"终身学习"的思想，确立了向"学习社会的方向努力"的改革目标。社会教育有了如下新发展。

第一，设置了终身学习的联络调整机构。1988 年 7 月废止了社会教育局，成立了终身学习局。文部省从 1988 年开始，以市镇村为单位，

对终身学习示范市镇村给予国库补助。

第二，创设推进终身学习的据点设施。在县一级大多开设终身教育中心、社会教育中心，市镇村一级则通过对公民馆进行改编配置，作为推进终身学习的设施。

第三，实施推进终身学习的新事业。主要有人生各时期学习方案的开发事业、相关机关的联系事业、广域事业、学习信息提供和学习咨询事业等。

第四，教育行政改革。1982年7月文部省对《社会教育法》进行部分修改，将都道府县及市的社会主事助理的必设置改为任意设置。以实现"财政的重建"为目的，在管理上采取了将一些社会教育设施委托给民间的措施，还有"缩小公共部门"、"削减定员"措施。

第五，学校开放的高学历化与专门化。1983年4月广播大学正式开学，制定了大学招收社会人入学的特别选拔政策、全日制学部教育、夜间开讲的研究生院制度。

第六，专门领域的新发展。妇女教育领域以"国际妇女10年"（1975年始）为背景，增加了妇女就职的职业教育以及"女性学"等内容。青年教育领域，以"国际残疾人年"（1981年）、"国际青年年"（1985年）为背景，把"参与"、"开发"、"和平"三者作为青少年教育的重要内容，开展了有关青年的国际交流、难民问题、饥饿问题、和平问题的活动。老年人教育领域在1978－1983年开展了促进老年人才利用事业，1984－1987年，推进了老年人生存意义的综合事业。老年人教育促进会议、志愿者培养讲座、不同代之间的交流咨询事业，成为长寿社会的综合事业。

（二）日本社会教育的特点

日本社会教育的特点与学校教育相比较可概括为以下几点：

一是自主性。与学校教育的义务性、强制性相比较而言，社会教育具有自主性特点。《社会教育法》规定："社会教育行政当局对社会教育有关团体可以根据其请求给予专门的技术指导，但是不得以任何方式对其施加不当的统治性支配或对其事业加以干涉。"从而使社会教育具有自主性。

二是公共性。包含开放性和无偿性两个特点，即社会教育是指在社会公共场所里，利用社会提供的公共学习机会、手段所进行的学习活动，而且是免费提供的。

三是现实性。与学校教育的未来性比较，社会教育学习内容与现实生活具有密切的联系。

四是多样性。指对象不受人的性别、年龄、职业、地位、贫富等限制，具有广泛性、全民性特征。还指学习内容与学习形态、方法的多样性。

（三）日本社会教育的发展趋势

日本在 20 世纪 80 年代中期提出把"向终身学习体系过渡"作为教育改革的基本指导思想。在 20 世纪 90 年代则把"构筑终身学习社会"作为改革的目标。在 1992 年提出《关于适应今后社会变化的终身学习振兴方案》，使社会教育有了明确的改革方向。其基本思想就是要着眼于给予人们终身的、任何时候都可以自由选择的学习机会，并且其成果都可以在社会中受到适当评价的终身学习社会。

在 20 世纪 90 年代及 21 世纪要重点解决的课题有：第一，推进回归教育；第二，支援和推进志愿者活动；第三，充实青少年的校外活动；第四，是充实有关现代课题的学习。具体实施措施主要有：①扩充适当的学习机会；②整备、充实学习信息的提供与学习咨询的体制；③推进有关机关之间的合作与协作；④培养及充分利用人才；⑤整备充实终身学习设施；⑥充分利用多种多样的媒介；⑦对学习者的经济支援。总之，要使人们确立终身的学习生活方式，并使人们的学习需要得到满足和实现。

根据上述发展策略，我们可以对日本社会教育发展趋势在以下方面作出预测。

1．日本社会教育将向广义方向发展

战后日本社会教育的发展随着其制度的不断完善，逐渐被限定在了社会教育法所限定的行政制度范围内即成为行政社会教育或公共社会教育，形成了狭义的社会教育。终身学习社会、终身学习生活方式，要求人们一生都有学习的机会和条件，随时随地能学习。这就要求社会教育必须能超越一切时空限制和内容形式的制约。因此，社会教育在终身学习社会里的发展必须是开放的。早在 1971 年的社会教育审议会咨询报告中就提出了对社会教育的概念进行扩展的要求，认为"作为社会教育的多种活动今后仍将发挥重要的作用，但是这种仅把社会教育限定在如此狭窄的范围内的想法不能适应今后急剧变化的社会中对社会教育的期待。今后的社会教育应该广义地被作为对国民在生活的一切机会和场所中进行的各种学习从教育意义上予以提高的活动的总称。"在 20 世纪 80 年代的社会教育改革中，就采取了行政上"缩小公共部门"、"委托民间"、"削减定员"的政策，这是一项缩小公费支出，充分引入民间活力的措施。可以说这也是对社会教育公共性、无偿性的一次突破。在 20 世纪 90 年代则大力发展志愿者活动，使社会成员成为活动的主体和学习的主体。广泛多样的学习机会的创设，首先要求社会教育观念的开放。

2．社会教育的条件将进一步得到扩充和改善

成人教育一直发挥着终身教育"火车头"的作用，而终身学习社

会的创建，必须期待社会教育的发展。只有社会教育条件得到扩充和改善，每一个社会成员才能有终身学习的机会和条件。单纯依赖学校的教育，只能导致学历主义，造成学历社会。要改变学校教育中心的局面，必须加强社会教育。因此，扩充、改善社会教育的各项条件，将成为必然趋势。日本在20世纪90年代社会教育改革的重点课题就在于扩充改善社会教育的条件，在今后相当长的时期，仍将是发展的重点所在。

3. 社会教育的高学历化

在20世纪末，日本已实现了高中教育的普及。21世纪，高学历成人人口将不断扩大，高学历化将得到进一步发展。因此，在高学历社会中的社会教育将呈现高学历化趋势。社会教育与高等教育之间的合作和为了成人教育的高等教育的重新改编，必然成为一个课题。高学历社会的终身学习，不但要求大学对社会人的开放，而且要求大学能提供横向的学习机会。日本已出台了社会人大学、研究生院的入学选拔制度，今后将更加灵活和普遍运用。

4. 社会教育在学龄儿童教育中将发挥重大作用

1996年7月19日出台的中央教育审议会第一次咨询报告《关于21世纪我国教育的应有状态》出台。该报告提出21世纪学校教育要培养儿童的"生活能力"，为此要实现学校、家庭、社区的协作。在加强合作的同时，要充实家庭和社区的教育。报告指出，"生活能力"一方面要通过学校有组织、有计划的学习获得。另一方面要通过在家庭与父母的接触、与朋友的游戏、与社会人的交流等活动来获得。报告提出充实家庭和社区教育，充分发挥社会教育的职能是一个十分急迫的课题。

如果说在战后，社会教育的迅速发展是大大依赖于学校教育的开放，那么在新的历史阶段，提高学校教育质量，就必须依靠社会教育与学校教育的协作。社会教育向学校教育的开放，成为今后终身学习社会发展的一个必然趋势。社会教育在学龄儿童的教育中将发挥重大作用。

5. **社会教育将沿着终身学习的方向呈现系统化、综合化和多样化**

终身学习按年龄阶段可划分为3个阶段：儿童阶段、成年阶段和老年阶段。学习的内容也可划分为3个领域：实用的学习、娱乐的学习、作为学习基础的学习。各个阶段和各个领域的学习应该是系统的、综合的、多样的，而不是割裂和单一的。完美的人生需要各阶段各方面的学习是有机统一的。总之，终身学习不是一般意义上的扩充教育、学习机会，而是使人一生的教育学习具有系统性、综合性、多样性。因此，明确人在各个时期学习的特点和任务，了解和适应每个人不同的学习需要和要求，这是实现终身学习的一个必然要求。

6. **提高对社会教育成果的评价**

在学历主义社会偏重于学校教育，社会教育可以说处于一种无评价的状态。要想改变"学校教育中心主义"状况，建成终身学习社会，就必须提高对学校教育以外的社会教育学习的重视。这一点已受到日本社会教育的重视。

四、俄罗斯社会教育的发展与展望

（一）俄罗斯社会教育的发展

自苏联解体以来，俄罗斯社会教育工作已经有多年的历史，某些实验的社会教育工作的历史则更长些。近些年来，俄罗斯学者开始总结社会教育工作的经验，以利今后的工作。他们的总结说明：

第一，通过社会教育工作，改变了以往学校、家庭、社会相游离的现象，形成了三者互相合作、支持的新局面。

第二，通过社会教育工作，社区的整个环境得到了优化，社区面貌大为改观。据研究者调查，在斯塔弗拉波里市第 10 中学所在小区开展社会教育工作仅三年，就使不和谐家庭减少了 1/2。家长对子女的责任心和教育加强了，在 103 名患心理偏差疾病的困难儿童中，原先有 23.3％的父亲和 5.8％的母亲对自己的子女不予帮助，而现在分别降低到 10.7％和 0.7％。原来有 30.1％的儿童家长酗酒、吵架、斗殴，现在降低到 6.3％。"信任电话"站每天都接到许多家长、孩子、老年人及患病者、孤儿、残疾人打来的电话，社会教师给予诚恳的解答，解决了许多人的心理问题。另有材料表明，由于社会教师的工作，家长协会在学校中的作用显著增长，实验初城市家长协会为 43.8％，农村家长协会为 49.2％，实验结束时，城市和农村家长协会的作用分别为 66.7％和 71.9％。参与子女的共同活动的家长数量也明显增加，调查指出，有 43.2％的城市家长和 57.9％的农村家长参与子女的数学认识活动、文化闲暇活动、体育保健活动、社会公益活动，而以往却分别只有 20.8％和 31％。

（二）俄罗斯社会教育的展望

俄罗斯社会教育工作的迅猛发展说明它顺应了社会发展的需要，有较强的生命力。今后，社会教育工作将在以下几个方面得到加强：

第一，开展社会教育工作的科学研究，努力探索社会教育工作的规律。这方面的工作其实在 20 世纪 80 年代末就已开始。专家学者曾就社会教育工作的职能、任务、教师培养、教学计划、教学大纲等问题进行过多方面的研究。在 ВАСОПИР 的倡议下，成立了社会教育工作的专门研究和实验机构——现代科研集体。其主要任务是开办社会教育工作实验场，通过实验总结经验，并与教科院等科研机构合作，就社会教育工作问题做深入研究。目前最大的课题是进一步确定社会教育工作的主要内容，师资培养计划和经费问题。

第二，加强与发达国家的联系与合作，使俄罗斯的社会教育工作与世界接轨。现代科研集体十分重视学习介绍和研究欧美一些国家的社会教育工作经验，并加强与他们的联系。1990－1991 年前苏联学者参加了由美、匈牙利等 10 国发起的国际社会教育工作组织大会。在此会议上，全苏社会教师和社会工作者联合正式加入国际工作者联合会，在科研、干部培训、经验交流、刊物出版及财政上进一步合作。

第三，进一步拓宽社会教育工作的途径。以下途径被认为是富有前景的，即社区服务、心理咨询、公益活动、社会实践、环境陶冶、信息传播、影视文化、民族传统等。1999 年 11 月 24 日俄罗斯国家图书馆向公众展示了电子邮件借书系统，全世界的读者只需点击一下鼠标就可以在该馆收藏的 4 200 万种图书、手稿和文献中任意阅读。这一系统把这座气势宏伟的图书馆（规模仅次于华盛顿的国会图书馆）带到与其他世界级图书馆相同的起跑线上。有理由相信该图书馆定会为俄罗斯社会教育的发展发挥重要的作用。

第五章　中国的社会教育

一、中国社会教育的产生和发展

(一) 中国社会教育的产生

社会教育活动与人类历史一样悠久，它是随人类社会的产生而产生的。人类在共同的社会生产和生活过程中，年长的一代积累了生产经验和生活经验，这些经验要传授给年轻的一代，以保证人类社会生产和生活的不断发展。这种有目的、有意识的交流传授活动便是社会教育。中国的社会教育也是在生产和生活的过程中产生的。根据古籍记载的传说，中华民族在未发明火以前，由于工具是简单的石片、木棒，人类过着茹草饮水，采树木之实，食赢蛇之肉的生活，居住在洞穴之中，过着"同与禽兽居，族与万物并"[①] 的生活。若干万年以后，相传有巢氏"构木为巢，以避群害。"[②] 人类就开始了共同居住共同经营的集体生活。以后工具的制造日渐复杂，并学会了钻木取火，由于火的发明，人们便从生食变为熟食的生活。人类自身生理机构发生了剧烈的变化，加快了脑手的进化速度。后来随着生产工具逐步改进，产生了社会的分工，陆续出现了渔猎、畜牧、农业和手工业，人们的劳动种类增多了，社会教育的范围就扩大了。如古籍中，有不少社会教育活动的记载："宓羲氏之世，天下多兽，故教民以猎"，[③] "燧人之

---

① 《庄子·马蹄》。
② 《韩非子·五蠹》。
③ 《尸子·君治》。

世，天下多水，故教民以渔"，① "古之人民皆食禽兽肉。至于神农，人民众多，禽兽不足，于是神农因天之时，分地之利，制耒耜，教民农耕"，② "后稷教民稼穑，树艺五谷，五谷熟而民人育"③ 等等。在原始社会，社会教育活动始终都是与生产劳动和社会生活紧密联系在一起的。因此，那时的社会教育的对象是氏族的全体成员，教育的内容则是生产经验、生活经验以及原始的宗教与舞蹈。

到原始社会末期，私有制的出现，导致了家庭的产生，随之家庭教育也就应运而生。同时，这时也出现了专门的学校教育。但是社会教育活动依然存在，如在我国的西周和春秋战国时代，就有"聚民读法"的规定：州官、司徒、党正等于每年四时的孟月吉日，集合所辖人民，宣读国家邦法，进行政治、道德和法制的教育。另外在党、里等一些地方行政区域，农闲时节，就要设立一些机构，教人民读书识字，并宣讲统治者所宣传的道德准则等等。这种传统在中国长达两千多年的封建社会也依然存在。其后，宋明时期有"乡约制度"，元、明、清还曾设有社学、义学、井学等机构，这些都具有社会教育的性质。如：明太祖洪武三十年（1397 年）颁布圣谕，即诏令每里选派一位有经验的老者，手持木铎，边走边敲边讲，教化民众。晚清时期，清政府在开办新式学校的同时，更加积极倡导、支持社会教育。《圣谕广训》作为社会教育的内容，不断地通过各种形式的宣讲，教训民众。另外，还开办报馆、图书馆、宣讲所，通过报纸和演说宣讲水利、农业、种植、时事、道德、政治等方面的知识。1906 年 4 月 22 日学部奏定"劝学所章程"其中"推广学务"一条与社会教育有关，该条规定各地要设立宣讲所，其教育宗旨是忠君、尊孔、尚公、尚武、尚实，由品行端正的师范毕业生或同等学力者用白话宣讲修身、地理、历史、

① 《庄子》。
② 《白虎通》卷一。
③ 《孟子·滕文公上》。

格致等方面的知识。1909 年学部正式公布《简易识字学塾章程》，颁行《简易识字课本》，把简易识字运动推向深入。据 1912 年初学部的调查报告仅四川省就有简易识字学塾 16 344 所，学生 245 487 人，直隶省有学熟 4 160 所，学生 69 405 人。[①]

（二）中国社会教育的发展

1. 民国时期的社会教育

1912 年 1 月 1 日，孙中山在南京就任中华民国临时大总统。1 月 3 日成立中华民国临时政府，蔡元培为首任教育总长。1 月 19 日，南京临时政府教育部正式成立，教育部下分设普通教育、专门教育、社会教育等司。社会教育司的设立，是中国教育史上社会教育列入官制之始，"社会教育"一词开始在我国出现。设置社会教育司，是因为蔡元培鉴于欧洲各国社会教育发达，而我国教育落后年长失学者人数众多，因此主张应大力发展社会教育。其后蔡元培多次在其演讲中阐述社会教育的意义，主张利用小说、戏剧、电影、美术馆、博物院、展览会等进行社会教育，增进普通人的智力和德行。在北大任校长期间，他创办了校役班和平民夜校，使平民也有受教育的机会。

五四运动前后，在民主思潮的影响下，"平民教育"的口号深入人心，出现了平民教育思潮和平民教育运动。随后，出现了许多宣传和推行平民教育的社团和刊物。1920 年在欧洲从事华工补习教育的晏阳初回国，正值国内"平民教育"的口号高唱入云的时候。晏阳初开始在上海，后在长沙、烟台、嘉兴等地进行有组织的试验。1923 年 6 月与朱其慧、陶行知成立了平民教育促进会。总部设总务、城市教育、乡村教育、华侨教育四部推行平民教育，编写《平民千字课》，设平民读书处，对平民进行识字、读书的教育。这一运动在全国的 20 个省区开展，有近 50 万人读平民识字课本。从 1926－1937 年晏阳初在河北定

---

① 王德林：《中国社会教育理论的回顾与前瞻》，《河南教育学院学报》，1993 年第 3 期。

县从事乡村平民教育实验，从扫除文盲开始，要叫农民作"新民"。他用学校式教育、社会式教育、家庭式教育三种办学形式实施文艺教育、生计教育、卫生教育、公共教育，试图以此医治愚、贫、弱、私四大病症。其中社会式教育是以平民学校的毕业生为对象，以同学会的形式组织起来进行继续教育。家庭式教育是组织如家长会、主妇会、少年会、闺女会、幼童会等，把农民分别组织起来，进行四大教育，晏阳初的乡村教育试验将蔡元培所开创的社会教育事业向前推进了一步。

1927－1946 年，陶行知大力推行"生活教育"理论，提出了"生活即教育"、"社会即学校"、"教学做合一"等命题，他运用生活教育的大教育观，将整个社会作为学校，把学校教育与社会生活的需要和社会生活实践密切结合，促进社会和人民生活"向前、向上"发展。他创办了晓庄师范、山海工学团、新安旅行团、孩子剧团、社会大学等社会教育机构，实验"生活教育"理论，大力推行社会教育。

此外，还有黄炎培的"平民职业教育社"、梁漱溟的"乡村自救运动"等等。

2. 革命根据地的社会教育

1927－1949 年，在中国共产党领导的革命根据地也广泛开办了夜校、半日学校、识字运动、补习学校，开展各种形式的群众文化活动。如报刊、戏剧、话剧、歌咏、体育运动等，提高了根据地广大群众的政治觉悟和文化水平。1927 年 11 月，《江西省苏维埃临时政纲》就曾提出，"发展社会教育，提高普通文化程度。"[1] 1934 年，毛泽东指出苏维埃文化建设的中心任务，"是厉行全部的义务教育，是发展广泛的社会教育，是努力扫除文盲，是创造大批领导干部。"[2] 据 1934 年统计，仅中央苏区就有补习学校 4 562 所，学员 108 000 人，识字组 23 286

---

① 《中国革命根据地史料选编》下册，江西人民出版社 1982 年版，第 14 页。
② 《老解放区教育资料》（一），教育科学出版社 1981 年版，第 20 页。

个，组员 120 000 人，俱乐部 1 917 个，工作员 93 000 人。^① 又如江西省兴国县永平乡在 1930 年 10 月就每村设夜校，1933 年 8 月达平均每乡 15 个，全县 1 900 余个夜校。抗日战争和解放战争时，社会教育是根据地和解放区教育的一个重要组成部分。抗日根据地的社会教育组织形式有：冬学、民众学校、夜校、半日校、识字组、读报组及剧团、俱乐部、救亡室等。陕甘宁地区，1937 年有冬学 600 处，学员 10 000人。1938 年，识字组有 5 834 个，学员 39 983 人。1940 年冬晋西北根据地共建冬学 3 116 所，学员 178 182 人。^② 1944 年冬，晋绥边区有冬学 2 281 个，学员 132 820 人。^③ 鲁中地区四个专署 1943 年冬学人数 8万多人，1944 年冬增至 45 万余人。^④ 华中根据地，1943 年，有 15 万人参加冬学运动。^⑤ 解放战争时期，各解放区都开办了各种形式的、数量空前的冬学、民校等，广泛地进行社会教育，在东北解放区，积极组织兴办冬学。1947 年，东北行政委员会发出了《关于冬学运动的指示》，要求根据不同对象办不同的冬学。如干部冬学、群众冬学、妇女冬学，以时事政治、思想教育为主，文化教育为辅。在华北和山东解放区，农村中经常进行群众性的教育活动，如读报组、识字组、黑板报、墙报、剧团、歌咏、广播等，每年冬季还举办大量的冬学。

3. 中国社会教育的现状

新中国成立后，党和政府对社会教育给予了极大的重视，中央人民政府教育部设社会教育司主管社会教育工作，并逐步建立健全了社会教育机构。1949 年全国仅有 896 个文化馆，55 个公共图书馆，21 个博物馆。至 1990 年，全国有公共图书馆 2 527 个，博物馆 1 012 个，档案馆 3 630 个，文化站 3 000 个，艺术团 2 819 个，广播电台 640 家，电

---

① 《红色中华》，第 239 期。
②③ 《老解放区教育资料》（二），教育科学出版社 1981 年版，第 174、163 页。
④ 《山东老解放区教育资料选辑》，临沂地区教育局 1981 年版，第 308 页。
⑤ 《解放日报》1944 年 1 月 24 日。

视台 510 家。省级以上的报纸 158.7 亿份，各类杂志 19.1 亿册，图书 55.8 亿册，电影 299 部。[①]

（1）社会教育日益受到党和政府的重视

这主要反映在社会教育活动不断开展和社会教育机构与设施的不断增加。工会、共青团、妇联、民主党派、文艺团体等社会教育团体不断开展宣传教育活动、科学文化的普及活动和文体活动。近些年来，又开展"三下乡"活动，对农民进行科学、医学卫生保健、文化等方面的教育。

（2）社会教育的对象非常广泛

从横向看，社会教育是全面教育，教育的对象包括了社会上各行各业，不同地域、不同性质的教育，如各种职业的培训，城市、农村的社会教育，正常人与特殊需要人的社会教育等等。从纵向看，社会教育是终身教育，个人成长发展的每一个阶段都包括在社会教育的范围内，如学前儿童的社会教育，青少年儿童的社会教育，成年人和老年人的社会教育等。

（3）社会教育的内容日益丰富多样

由于受教育对象的广泛性，就决定了我国社会教育内容非常的丰富多样。其内容包括基本的读、写、算课程、博雅的文化课程、各种职业课程、休闲与娱乐课程、自我发展课程、政治法律课程、文化陶冶课程、生活调适课程，还有老年人、妇女、残疾人等课程，几乎涵盖了人类生活的各个侧面和层面。

（4）社会教育的机构和设施不断增加，目前，我国举办社会教育的单位和机构日益增多。如工会、妇联、残联、各种文化教育团体、学术机构、机关、企事业单位甚至个人都兴办社会教育。如儿童的照顾与教育机构和设施有托儿所、幼儿园、学前班、儿童游乐场、儿童

---

① 王冬桦、王非主编：《社会教育学概论》，教育科学出版社 1992 年版，第 46 页。

图书馆、儿童影剧院等；青少年陶冶与教育设施有少年宫、青少年之家、青少年活动中心、青年就业指导、科技辅导站等；成年人职业技术文化教育机构有职业培训中心、父母学校、农村科技文化推广站、医药、文化、卫生辅导站、文化宫等等；特殊教育机构有盲聋哑学校、孤儿之家、工读学校、少管所等等。此外还有公共图书馆、博物馆、文化馆、科技馆、电影院、剧院等等一些公共教育设施。

（5）社会教育技术手段日趋现代化

目前，我国社会教育的方式除采用传统的面授、函授教育方式外，已开始充分利用广播、电视、电影、收录机、幻灯、录像、通信卫星、计算机等设备进行教育。

（6）社会教育法规正在健全

目前，我国还未颁布一部专门的《社会教育法》，但是有关社会教育的法规、条例正在不断地健全和完善。如《中华人民共和国未成年人保护法》（1991 年）、《中华人民共和国残疾人法》（1990 年）、《关于办好工读学校的几点意见》（1987 年）、《残疾人教育条例》（1994 年）、《进口影片管理办法》（1981 年）、《国务院办公厅转发文化部等单位关于全国少年儿童图书馆工作座谈会的情况报告的通知》（1981 年）、《国务院办公厅转发文化部关于当前农村文化站问题的请示的通知》（1984 年）、《中华人民共和国著作权法》（1990 年）等等。这些法规的制定和颁布，为社会教育的发展提供了法律保证。

4．中国社会教育展望

（1）社会教育终身化

20 世纪 60 年代以来，在联合国教科文组织推动下，终身教育已成为国际性的教育思潮，并为不同社会制度的许多国家所广泛接受，成为国家的基本教育政策和策略。近年来，世界各国又进一步倡导终身学习和学习社会。1994 年在意大利罗马召开了"全球首届终身学习大会"。该会的主题报告指出，终身学习是未来社会人们的一种生存概念，与其说它是一种教育观念，还不如说它是未来社会人们的生活方式和手段。在这样的社会背景下，以社会成员终身发展作为自己最终目的的社会教育，其发展显然出现终身化趋势，可以预料，一个以整个社会参与，体现社会成员终身学习的立体式网络体系必将建立和发展。

（2）社会教育发展的国际化

当前，世界经济和科技发展将表现为四大趋势：①经济发展的全球性一体化趋势；②传输信息的全球网络化趋势；③高新科技和综合国力竞争的全球激烈化趋势；④现代科学加速发展和整体化趋势。面对上述世界经济和科技发展趋势，必然要求社会教育改革的外向度，加快社会教育发展的国际化步伐。在中国，社会教育的国际化趋势具体表现为：①以国际通用型人才作为社会教育的培养目标；②课程内容力求吸收国际的先进文化，促进东西方文化的交流和融合；③全球传输信息网络的现代化教学手段将日益广泛地运用于社会教育教学中；④加强社会教育的国际比较研究，建立健全中国的社会教育体系。

（3）社会教育法制化

社会教育法制化已开始成为经济发达国家和其他相当一部分国家中的一种普遍现象。如日本的《社会教育法》《职业训练法》等，美国的《成人教育法案》《州技术服务法案》等。我国台湾省1969年也公布了《社会教育法》。因此，使中国社会教育走上法制化的轨道，也是我国社会教育发展的方向。

（4）社会教育理论逐步走向成熟

目前，我国对社会教育的理论研究仍处在局部、零碎、经验的阶段。随着国际社会教育理论的发展和我国社会教育研究工作的不断深入，我们将创立具有中国特色的社会主义社会教育学体系。

二、中国社会教育的内容、形式、方法和作用

（一）中国社会教育的内容

社会教育的内容是由社会教育的目的和任务决定的。中国社会教育的目的是培养全面发展的、高素质的社会主义事业的建设者。具体说来，主要包括以下几个方面：①提高公民的思想道德素质；②培养公民具备一定的政治思想素质；③推进社会主义精神文明的建设；④普及科学文化知识，提高公民的智力和实际工作的能力；⑤对公民进行民主和法制教育。培养实行民主的权力和遵纪守法的习惯；⑥推行健康、体育教育，提高身体素质，养成卫生习惯；⑦培养艺术兴趣，提高美化生活的能力；⑧进行生产技能教育，提高劳动效率；⑨引导休闲、娱乐，推行健康的、积极的生活方式。⑩辅导家庭教育和人际关系教育，促进社会和谐等等。因此，我国社会教育的内容就包括德育、智育、体育和卫生教育、美育、职业技术教育等几个方面。

1. 社会德育

社会德育是按照一定社会的要求，有目的、有计划地对社会成员进行思想教育、政治教育和道德品质教育。

对社会全体成员进行社会德育具有十分重要的意义：第一，教育全体社会成员坚持四项基本原则、坚持改革开放，保证我国现代化建设的社会主义性质和方向。德育是以一定社会意识和道德规范为内容，它根植于社会经济关系中，随社会制度的变革而变革。我国的社会德育是社会主义性质的，它反映了社会主义政治制度和经济制度的内在要求。因此，在全社会开展社会德育，能够培养广大群众的社会主义品质，使其为维护社会主义的政治经济制度服务。第二，社会德育能够促进社会主义精神文明建设。我国的社会德育以社会主义思想、共

产主义思想，以及社会主义的道德培养和教育广大群众，使他们具有高尚的道德情操和良好的社会主义道德风尚。因此，开展社会德育，不仅能够使广大群众的精神面貌发生深刻变化，而且对社会风气的根本好转也能产生积极的影响。

我国社会德育的任务是：①培养广大群众具有坚定、正确的政治方向，辩证唯物主义的世界观和共产主义的道德品质；②培养广大群众的道德认识评判能力，增强他们抵制各种腐朽思想的自觉性；③培养广大群众的道德践行能力和自我教育能力。

根据我国社会德育的任务，我国社会德育的主要内容有：①马克思主义基本理论教育；②党和政府的方针政策教育；③国际、国内形势发展教育；④爱国主义和国际主义教育；⑤社会主义民主与法制教育；⑥集体主义教育；⑦革命理想和革命传统教育；⑧社会主义道德风尚教育；⑨国情教育；⑩社会公德教育；⑪正确的人生观和科学的世界观教育；等等。

2. 社会智育

社会智育是对社会成员有目的、有计划地传授文化科学知识、培养基本的技能技巧、发展智力，培养能力的社会教育活动。

对社会成员进行社会智育的意义是：第一，智育是社会文明进步的必要条件。智育可以将人类知识和能力的成果一代一代地传递下去，使每一代人都能继承前人创造的一切文明，并使下一代人有可能在前人的基础上进一步丰富、发展人类已有的文化财富，从而使人类社会不断地向前发展。第二，智育是社会成员全面发展的基础。人的全面发展包括身心各方面能力的充分自由的发展。人的全面发展要通过全面发展的教育来实现。智育能有效地实现把人类千百年来积累的科学文化知识转化为社会成员自己的知识和智力，使他们的心智得到充分自由的发展。同时智育也是进行其他各方面教育的基础。

社会智育的任务，主要是向社会成员传授文化科学基础知识，形成他们从事智力活动的各种技能，发展他们的能力，使他们成为不断更新知识、独立学习、勇于创新的人。

要实现智育的任务，还必须有相应的智育内容。智育内容是实施智育的基本依据，是发展社会成员能力的精神食粮。我国社会智育的基本内容，主要是文化科学知识的教育。文化科学知识可分为：①自然科学知识，包括物理学、化学、生物学、天文学、地质学、数学等；②人文社会科学知识，包括哲学、伦理学、历史学、政治学、社会学、文学、艺术等。通过文化科学知识的学习，发展社会成员的智力，培养他们的能力。

3. 社会体育和卫生教育

社会体育和卫生教育是向社会成员普及体育和卫生保健知识，培养运动能力和良好的卫生习惯，促进身体的正常发育，增强体质，防治疾病的社会教育活动。它是以健身、娱乐、休息、保健为目的的一种社会教育活动。

开展社会体育和卫生教育的意义：第一，体育是促进社会成员身体生长发育，增强体质，提高身体对外界环境适应能力的重要保证。经常的体育锻炼能增加肌肉、骨骼、韧带的负荷量，加大氧气和营养物质的供应，加快新陈代谢的速度，从而使心脏机能的水平增高，肺活量逐渐增大。同时，体育还可以改善神经系统的调节作用，提高神经活动的灵活性和均衡性。第二，体育有利于提高全民族的身体素质。社会体育是一种群众性的体育娱乐活动，它是以健身、娱乐、休息为目的，对于促进人体生长发育、增强体质、消除疲劳、调剂身心、丰富文化生活有积极的作用。社会体育最大的特点就是内容、形式灵活多样，能吸引广大的群众参与其中，从而促进了全民身体素质的提高。第三，卫生保健教育有利于提高社会成员的健康水平。增强社会成员的体质，提高社会成员的健康水平，除了应重视体育锻炼之外，还必须重视卫生保健工作。做好卫生保健工作，防病治病，培养社会成员良好的卫生习惯，这对于移风易俗，建设社会主义精神文明具有十分重要的意义。

我国社会体育和卫生教育的任务是：①组织开展群众性的体育娱乐活动，增强广大群众的身体素质，提高他们的健康水平是社会体育的根本任务；②向全社会普及体育运动的基本知识，并使广大群众逐步掌握体育运动的技能和技巧，使广大群众了解锻炼身体的原则、方法和预防伤病的各种手段，养成自觉锻炼身体的习惯，不断提高整个民族的身体素质；③向全社会普及卫生知识，养成良好的卫生习惯，达到防病治病，保证和促进社会成员的身心健康。社会体育的内容主要有：田径运动、体操、球类运动、游戏、游泳、武术、军事体育活动及爬山、滑冰、滑雪等多种活动。社会成员可根据自身的条件，分别选择不同的项目进行锻炼。

社会卫生教育的内容主要有：①向社会成员进行卫生保健知识的教育。可通过举办卫生讲座、举办卫生图片展览、放映有关卫生教育的电影、电视、幻灯片等，也可以通过报刊、杂志等普及卫生基本常识；②宣传爱国卫生运动的意义，培养社会成员良好的卫生习惯；③普及社会环境保护、食品卫生，防疫检疫、劳动保护等法规和知识。

4. 社会美育

美育，也称审美教育。社会美育就是对社会成员普及审美基本知识，形成一定的审美能力，培养社会成员正确审美观点的教育。

开展社会美育具有十分重要的意义：第一，建设社会主义物质文明需要开展美育。随着社会的进步和科学技术的发展，人们的物质生活不断得到改善，与此同时，人们的审美需求也日益增长。这就需要建设社会主义物质文明的各级各类人才，都必须具备一定的美学基础知识和欣赏美、创造美的能力，为人们生产出既有实用价值，又有审美价值的产品，满足广大人民群众的审美需求。第二，建设社会主义精神文明需要加强美育。社会美育是社会主义精神文明建设的一个组成部分。美育对于提高人们的思想道德水平，升华人们的精神境界，具有独特的功效。同时人们通过审美活动，可以激发、丰富、净化人们的情感，可以寻求精神慰藉，得到情感宣泄，减轻心理压力，维护心理健康。这对促进社会主义精神文明建设具有积极的促进作用。第三，社会美育有利于协调人与自然的关系。通过审美教育，可以使人们以审美的态度来对待大自然，纠正人们对大自然的急功近利的态度，正确认识人与自然的关系。从而热爱自然，保护自然，并按照客观规律和美的规律来改造自然、美化自然，使自然为人类提供丰富的物质生活资料和审美对象。

社会美育的任务，就是引导社会成员树立正确的审美观，帮助人们提高对美的事物的感知能力、鉴赏能力和创造能力，塑造健全的审美心理结构，促进社会成员个性的和谐发展，造就全面发展的新人。

对社会成员进行美育，其内容是多方面的，归纳起来可为四个方面：①知美教育。知美教育就是通过美育让学生了解一些美的基本知识，了解什么是美，如让社会成员了解什么是自然美、社会美、艺术美及其他的特征、表现、欣赏方法等；②赏美教育。赏美教育是指让社会成员了解什么是美的同时，应当教他们学会一些基本的审美方法；③爱美教育。美育的目的之一就是让社会成员不但知道什么是美，而且要从心底产生热爱美的情感；④创美教育。创美教育就是教会社会成员从自身的心灵、语言、行为、仪表等方面用美的标准衡量和要求自己，使自己成为美的化身，同时人们自己也应不断地创造美好的事物。

5. 社会职业技术教育

社会职业技术教育就是对社会成员进行科学、技术学科理论和相关技能学习以及技能训练的社会教育活动。

开展社会职业技术教育的意义：第一，开展社会职业技术教育有利于提高社会成员的职业素质，提供一定数量的劳动力以满足社会生产需要，这是促进社会生产发展的一个重要方面。现代社会科学技术的飞速发展，新的产品、新的工艺、新的产业的不断涌现，要求人们要不断地更新自己的知识和职业技能，才能适应和满足现代社会生产和生活发展的需要，社会职业技术教育在这方面发挥着巨大的作用。

第二，社会职业技术教育是促进社会成员全面发展，培养和造就社会主义现代化建设人才的需要。马克思指出，教育与生产劳动相结合，不仅是增加社会财富的手段，同时也是实现个人全面发展的唯一方法。对社会成员进行职业技术教育，不仅可以使他们获得生产劳动所需的知识和技能，提高生产效益，而且还可以培养劳动的习惯、态度，使他们树立集体主义和团结合作的精神。另外还可通过劳动创造美，欣赏劳动的美和劳动产品的美，增加体力。它对培养德、智、体等方面全面发展的社会主义现代化的建设者具有重要的意义。

社会职业技术教育的任务主要有：①传授科学基础知识和技术理论知识，提高社会成员的基本文化素养和科学文化素养；②使社会成员掌握本专业工种、业务要求相关的专业理论和业务管理知识，提高专业技术水平和管理水平，为社会培养所需要的专门人才；③进行职业道德和职业纪律的教育，使他们形成一定的道德意识和养成相应的道德行为习惯。

社会职业技术教育的内容主要有：①职业道德教育。是向社会成员进行的热爱本职工作、履行职业道德原则和规范的教育；②科学基础知识教育。如语文、生物、化学、物理、数学、外语等，根据不同技术门类分别选择设置；③职业技术技能教育。包括基础技术知识和专业技术知识；④职业指导教育。采用科学的方法，帮助社会成员根据社会需要和自身特点选择职业、预备职业、获得职业和改进职业。

（二）中国社会教育的形式

社会教育形式是指为完成社会教育任务以一定方式组织起来进行

活动的结构。在我国社会教育形式主要分两类：一是以一定的教学形式进行的社会教育，包括各种文化补习学校、扫盲班、技术培训班，各种讲座、报告会等。这类社会教育组织形式是以一些相对固定的社会成员为对象，对他们进行有针对性的教学活动，使他们在短时期内掌握急需的知识和技能，这类教学组织形式的特点是针对性强，有较为固定的教育内容，时间短、见效快。二是以自我教育形式为主进行的社会教育，主要包括图书馆、文化馆、展览会、博物馆、剧院、电影院、电视、广播、报刊等。这类教育形式的特点是内容丰富，对象广泛，无固定的教育内容、指导者，无教学活动的存在，主要靠社会成员的自我教育和学习为主。而这些社会教育机构和设施所进行的社会教育是以潜移默化的方式影响社会成员的。所以，成效较为缓慢，不可能立即见到教育的效果。

（三）中国社会教育的方法

社会教育的方法是指在社会教育活动中所采用的活动或工作方式。在我国常用的社会教育方法主要有：

1. 活动教育法

活动教育法就是社会教育工作者，按社会教育的目的和一定的要求，通过组织各种实践活动使社会成员受到教育的方法。它可以使社会成员接受知识，并将知识转化为技能、技巧。活动教育法的方式很多，主要有：①学习活动。指在社会教育实施中，为使受教育者增加知识，提高技能，而组织的专门的教育活动。如技术培训、在职培训、报告会、讲座、讨论会等。这种活动有明确的目的和要求，有周密的活动计划和安排，能够结合受教育者的实际，安排教育的内容和形式，注意理论与实践的结合。②文体活动。指在业余时间开展的以自娱自乐为主的群众性文化娱乐活动。主要内容为体育娱乐活动和文化娱乐活动。这些活动既可以使社会成员增长知识，培养各种能力和技巧，又可以调节生活，陶冶性情，提高审美情趣。③道德教育活动。主要是进行社会主义的道德规范和准则的宣传和教育，帮助人们树立正确的人生观和世界观，确立远大的人生理想，提高人们的道德水平。

2. 陶冶法

陶冶是通过创设良好的情境，潜移默化地培养社会成员的方法，它的教育特点是寓教育于情景之中，没有系统知识的传授，也没有明确的要求，没有强制性的措施。在社会教育活动中，经常运用的主要有：①艺术陶冶。主要是通过音乐、美术、舞蹈、雕塑、诗歌、文学、影视等艺术形式，这些艺术来自生活，高于生活，形象深厚，感人至深，不仅可以给人们以美的感受，而且还可以丰富人们的生活，培养人们的道德品质；②环境陶冶。通过自然环境和美化的社会环境对人进行潜移默化的影响。尤其是社会环境对人的影响更直接、更深远。因此要开展社会公德教育、创文明单位、家庭等活动，美化人们的社会环境，形成良好的社会风气；③人格感化。主要是通过完善的人物形象，以高尚的品德、人格影响和感化社会成员，使人们受到震动，促进他们思想认识的转变与提高，从而使社会风气得到根本上的好转。

3. 说服教育法

说服是通过摆事实、讲道理，使社会成员提高认识、形成正确观点的教育方法。这是一种运用很广泛的教育方法。主要是通过语言和文字，进行说服教育。具体的方式有：①讲解。如讲清基本观点，解释道理，说明要求等，它可以是简明扼要的，也可以是系统的理论传授；可以口头讲解，也可以通过文字如报纸、杂志等等。②报告讲座。以某个专题为内容进行的说服和讲解，如法制讲座、英模报告、政策报告等。③讨论。对某些问题组织一些人员进行讨论、辩论，使人们交流思想，互相切磋，提高认识。④参观。参观是让事实说话，通过接触实际来提高社会成员的思想意识，如参观博物馆、大型建设工地等等。说服的特点就是循循善诱，以理服人，使受教育者从思想上分清是非，提高认识，接受真理。

（四）中国社会教育的作用

1. 社会教育通过提高劳动者素质，促进社会主义物质文明建设

其一，教育能把可能的劳动力转化为现实的劳动力，是劳动力再生产的重要手段。所谓现实的劳动力就是掌握了一定科学知识、生产技能和劳动技能的人。这一方面需要学校教育的系统培养，另一方面则要通过社会教育进行的职业技术培训和继续教育。

但是，一个人在学校接受一次教育并不能适应社会的发展，在其一生中必须接受多次的在职培训或脱产进修，才能有效地提高劳动生产率。社会教育以各种方式吸收广大在职人员再学习，接受继续教育，授以各种新知识、新技术，提高劳动者的素质。社会教育的这种培养、培训工作，已成为向社会输送合格劳动力的重要渠道，对促进社会主义物质文明的建设发挥着越来越重要的作用。其二，教育是转化和应用科学技术促进经济发展的重要环节。社会发展的历史充分证明，生产愈发展对科学技术的依赖性愈大。尤其是现代社会，科学技术愈来愈成为生产发展的关键性因素，甚至已成为"第一生产力"。然而，科学技术是一种知识形态的生产力，它只是一种潜在的、间接的生产力，只有将其转变为物质形态进入生产过程才能变为直接的、现实的生产力。这种转化，主要通过两种途径来实现：一是"物化"在生产资料上，即通过劳动者应用科学技术去开辟新领域，开发新的材料，形成新设备、新工艺、新产品，产生高效益；二是"物化"在劳动者身上，提高他们的科学技术和劳动技能，变经验手艺型的劳动力为科学知识型的劳动力，实现科学转化为物质生产力。显然，实现"物化"的唯一途径是教育，通过教育把知识形态的、间接生产力转化为物质形态的直接生产力，促进科学技术在生产过程中的应用，从而使科学技术

在经济发展中成为巨大的物质力量。

2. 社会教育通过宣传、教育、陶冶等途径促进社会主义精神文明的建设

社会主义精神文明是社会主义的重要特征，是社会主义现代化的重要目标和重要保证。教育是精神文明中文化建设的重要组成部分，对于精神文明的建设更有着直接的关系，因此，我们更需要大力开展社会教育，通过各类健康高尚的文化娱乐活动，提高人民的思想觉悟和道德水平，培养积极向上，奋发有为的社会风尚，在全社会形成文明的、健康的、科学的生活方式。社会教育在社会主义精神文明建设中的作用主要有以下几个方面：①社会教育具有宣传教育的作用；②社会教育具有娱乐益智作用；③社会教育具有审美陶冶作用。从这三个方面，我们可以看出社会教育对于提高人们的思想政治水平、道德修养，对于提高全民族的科学文化水平，对于人们树立起健康的生活方式都有着重要作用。

三、中国社会教育的设施

所谓设施，指的是为进行某项工作或满足某种需要而建立起来的机构、系统、组织、建筑等。社会教育的设施就是指为进行社会教育或为满足社会全体成员提高自身素质，实现终身教育理想而建立起来的具有社会教育意义的机构、系统、组织、设备等。

社会教育工作必须借助于一定的机构与设施才能得以顺利展开，因此，社会教育设施是实施社会教育的媒介和手段，是构成社会教育的重要因素，也是开展社会教育必需的物质基础。在我国社会教育设施的基本任务就是贯彻社会教育的目的，配合学校教育、家庭教育对社会全体成员进行思想政治教育、职业技能教育和社会文化教育。社会教育设施的水平是衡量社会教育事业发展水平的重要标志。

（一）社会教育的综合性设施

综合性的社会教育设施具有多种工作任务，能够开展多种活动。在我国综合性社会教育的机构和设施主要有：

1. 大众传媒机构

大众传媒机构是指利用广播、电视、电影等电子媒体或报纸杂志、书籍等印刷媒体传播社会的政治、经济、文化等方面的信息，影响引导人们的工作、学习、娱乐和休息的机构。在我国主要是指广播电台、电视台、报社、杂志社、出版社等这些社会宣传教育机构。

广播电台、电视台是以电讯信号媒介作为大众传播工具，对社会成员实施社会教育的机构。它们利用广播和电视向外播送新闻、报刊内容、科学常识和文艺节目，宣传党和国家的方针政策，及时报道人民群众在各行各业中所取得的成绩，对社会成员进行思想政治和道德教育，同时还可以为人民群众提供文化娱乐节目，美化休闲生活。另外广播电台和电视台还开办广播学校、电视讲座、电视学校等对人民群众进行科学文化基础知识的教育。尤其是我国人口众多，利用广播、电视进行宣传教育，对提高全民族的政治素质和科学文化素质具有重要的意义。我国利用广播进行专业教育始于 20 世纪 50 年代，如 1955 年北京、天津设置了广播函授学校。20 世纪 70 年代末，各省市自治区的广播电视教育系统相继建立。电视教育始于 20 世纪 70 年代，20 世纪 80 年代开始普及。利用广播和电视实施社会教育的优势在于信息传播及时迅速，教育对象广泛、教育无时空限制，尤其是电视具有生动直观、形象具体、感染性强的特点，更容易激发社会成员的兴趣，易于取得良好的教育效果。

报社、杂志社、出版社（音像出版社除外）则是以文字媒介作为大众传播工具，对社会成员开展社会教育活动的机构。报社是编辑、出版、发行报纸的机构，报纸是以刊载新闻和新闻评论为主。杂志社是编辑出版发行杂志的机构，杂志按内容的不同可分为专业性的、生活娱乐性的、文学艺术性的等等多种门类。报社和杂志社通过报纸和杂志宣传党的方针政策，对社会舆论进行影响和导向，对社会成员进行科学文化知识的教育。特别是专业报纸和专业杂志，对于普及专业科学知识，提高专业从业人员的科学技术知识和水平，具有十分重要的意义。出版社是出版书刊、图片的专业机构，我国有综合性、儿童以及各行业专业出版社，它们针对不同的读者群，根据社会教育和文化娱乐的需要，编辑出版内容丰富、品种多样的出版物。利用报纸、杂志、图书进行的社会教育具有如下特点：①便于读者深刻地钻研和体会所刊登的内容。②可以作为资料保存下来以备将来进一步研究之用。

此外，近些年出现了一些音像出版社，出版、发行各类音像制品，如录音带、录像带、唱片、视盘等非文字出版物，音像制品所具有的声像信息逼真、生动、具体；材料经过选择、改造、控制，能突出事物的主要特征；信息量大，传播速度快、效果好等这些特点，能够充分调动教育对象的主观能动性，收到良好的社会教育效果。

2. 大众教育设施

大众教育设施主要是指为大多数人服务的社会教育机构和设施，如图书馆、博物馆、纪念馆、群众艺术馆、文化馆等。

图书馆是收藏、整理、供阅图书资料，传递科技信息，保存文化遗产，进行社会教育的文化教育设施。按其工作范围及服务对象分为公共图书馆、单位团体图书馆、儿童图书馆等。图书馆对社会全体成员进行思想教育，普及和提高科学文化知识，为人们扩大知识积累和开展科学研究创造条件。目前，我国的各大、中城市都建立了省、市图书馆，县级图书馆也相继建立。北京图书馆是中国规模最大的现代化图书馆。

博物馆是文物及标本的收藏、宣传教育和科学研究机构。按其馆藏内容的不同可分为艺术博物馆、历史博物馆和科学博物馆等。1949年，全国共有博物馆 21 所，到 1990 年全国有博物馆 1 012 所，构成了反映中国古代历史的各专门性博物馆体系和反映中国新民主主义革命史的各专门性博物馆体系。全国各地的博物馆分别为社会成员进行唯物主义、爱国主义和社会主义教育场所，丰富了人民群众的文化生活。

纪念馆是纪念重要历史事件、历史人物的社会教育设施。多数以事件发生地点和人物生活、工作或活动的地点为馆址，以保存、恢复历史原状和反映历史实况，使参观者在"如临其境、如历其事、如见其人"的状态下接受教育。如遵义会议纪念馆等革命历史纪念馆是进行爱国主义教育、社会主义教育的场所。许多的纪念馆被列为爱国主义教育示范基地。

群众艺术馆是政府文化部门设置的文化事业机构，按省、地市逐级设置。主要任务就是研究和指导群众业余艺术活动，收集和整理民间艺术遗产，辅导群众进行业余创作，培训文化馆的业余干部和群众文艺骨干。按任务分工，群众艺术馆内部设有：调查研究部、培训部、辅导部和编辑部。群众艺术馆都建有综合性的群众文化活动的设施及设备，一般建有：影剧院、曲艺厅、游艺厅、展览厅、歌舞厅、体育活动室、录像放映厅、电子游戏室、图书室及教室等，开展文艺宣传、演出、科技普及、图书借阅等群众性的文化、艺术、娱乐等活动。

文化馆（站）是开展群众性文化娱乐活动的综合性文化事业机构。一般是县设文化馆，区（乡、镇）设文化站，分别受县、区人民政府领导，在业务上接受群众艺术馆的指导。文化馆（站）的主要任务是运用文化艺术手段开展群众性文化艺术及娱乐活动，进行宣传教育，并组织、辅导乡文化站及基层群众文化组织开展文艺创作，搜集整理民族文化遗产，特别是民间文艺遗产，开展群众性的文化艺术交流活动。文化馆（站）的社会教育主要是通过各种文化娱乐活动实施的，受教育者直接参与活动，教育形式生动活泼，更易于被人接受。

3. 大众娱乐设施

大众娱乐设施主要是指以休闲、娱乐为主的社会教育机构和设施，如电影院、剧院、公园等。

电影院、剧院是供放映电影或供艺术团体演出的场所。影院、剧院是重要的社会教育场所，人们在这里主要是娱乐、欣赏艺术，并非要接受教育。因此，影院、剧院要达到社会教育的目的就必须是寓教于乐，要注意政治性与艺术性统一、内容与形式的统一，让群众在艺术美的欣赏过程中潜移默化地受到教育，提高认识。我国的城市、集镇、乡村普遍建有影、剧院等，要让影、剧院的管理者和经营者充分认识到影、剧院在社会教育中的地位和作用，演出内容对人民群众的巨大影响和引导作用。要认真贯彻党和国家的文艺方针和政策，选择内容健康向上、政治观点正确、艺术性高等好的文艺作品，这样才能充分发挥影、剧院以艺术美进行广泛社会教育的作用。

公园是供公众游览休息的园林。公园中的自然山水、楼台亭榭以及整齐优美的环境，无不蕴藏着丰富的美感。人们在公园中游玩、休息，就可以潜移默化地受到美的熏陶，从而能够陶冶性情、提升境界，激发起人们对生命的热爱和对人生的深刻感悟。因此，可以说公园是对人们进行社会美育的一个非常重要的场所。

（二）社会教育的专门性设施

专门性社会教育设施是由政府和社会团体、集体或个人设置的，专门从事社会文化教育工作的机构、组织。

1. 工人俱乐部、文化宫、青少年宫

工人俱乐部、文化宫是城市群众团体、厂矿企业工会，各行业主管部门为职工及其家属举办的文化事业机构。一般设有文艺组、教育组、宣传组、资料室、办公室等一些机构。通过举办讲座、学习班、

书画图片展览、图书阅览、文艺演出、放映电影和体育活动等等，提高职工政治、文化、科学技术水平，增进职工身心健康。此外，如海员之家、教工之家等性质也和工人俱乐部相同，是职工学习、娱乐、活动的场所。

青少年宫是综合性的少年儿童校外教育机构，是由共青团为青少年举办的文化娱乐设施。其活动形式是以各种各样的兴趣小组为主，如书法、摄影等各种爱好者协会、少年艺术团等。由专职的工作人员或老师辅导青少年开展各种活动。青少年宫的任务就是通过组织丰富多彩的富于教育性、趣味性、实践性的活动，对青少年学生进行思想品德教育，培训他们对文学艺术、科学技术、体育等各方面的兴趣并形成相应的能力，以利于青少年学生在德智体美等几方面得到全面发展。另外，一些地方所设立的少年之家，其性质和任务与青少年宫相同，也是对青少年进行社会教育的机构。

2. **特殊儿童辅导中心、儿童福利院、伤残儿童寄托所**

特殊儿童辅导中心是针对特殊儿童的需要而设立的一种教育机构。由心理测验专家、补救教育专家、医生、社会教育工作者、辅导人员等组成。主要职能是为当地儿童提供鉴别、诊断和教育服务，并向教师和家长提供特殊教育的咨询服务。

儿童福利院是收养孤儿或残疾儿童的社会福利事业机构。中国的福利院是由中央与地方的民政部门管辖的。可针对儿童不同的情况，给予保育和教养，并帮助残疾儿童治疗和锻炼，恢复机体功能。

伤残儿童寄托所是城市中由街道开办的集体性质的福利事业机构。对各类残疾儿童进行护理和喂养，并实施一定的特殊教育和功能康复训练，使残疾儿童得到教育和训练的机会，减轻家庭和社会负担，力求将家庭成本与社会成本降至最低。

这些特殊儿童社会教育机构，主要目的是给予残疾儿童以一定的教育和训练，使他们的机体功能得到恢复，并尽量能够自理，为社会和家庭减轻负担，力求将家庭成本与社会成本降至最低。

3. 工读学校、劳动教管所

工读学校是对13-18周岁有违法和轻微犯罪行为不适宜留在普通学校受教育，又不够劳动教养或刑事处罚条件的青少年所设置的一种特殊教育机构。入学需经过当地区、县教育局和公安局的共同审批，通过边劳动边读书挽救违法青少年，使其认识错误，转变思想，成为有社会主义觉悟，有一定科学文化知识和生产技能、遵纪守法的劳动者。学制一般为2年，凡在学校坚持学习，积极接受教育，遵纪守法，文化和技术考核合格者，准予毕业。毕业学生与普通中学学生一样，可升学、参军和劳动就业。

劳动教管所是对被劳动教养的人实行强制性教育改革的机关。劳动教养的根本任务是：在严格的管理下，对劳动对象进行深入细致的政治思想工作，通过学习和劳动锻炼，将劳动教养对象改造成为遵纪守法，热爱劳动，具有一定文化知识和生产劳动技能的有用之人。教育的具体内容包括：①政治思想教育。主要是社会主义法制、政策教育，社会主义道德教育和革命人生观教育；②文化知识教育。根据劳动教养人员的实际文化程度分班进行文化的普及与提高教育；③生产技能教育。结合生产劳动进行职业技能的培训，以利于解教后的就业安置。

四、中国社会教育的对象与活动

社会教育对象是指在各种教育活动中接受教育影响的人，是构成社会教育活动的基本要素，缺少这一要素，教育活动也就不存在了。中国社会教育按教育对象的不同主要可分为：

（一）婴幼儿的社会教育

婴幼儿的社会教育，主要是对出生至入学前（0－6 岁）的婴幼儿所进行的家庭之外的教育活动。教育的目的是激起婴幼儿学习的愿望，给他们学习的体验，有助于他们的整体发展。进行婴幼儿社会教育的机构和形式多种多样，在我国以托儿所、幼儿园为主。此外还有儿童图书馆、儿童游戏场、游戏小组、儿童电视节目、儿童电影、儿童广播等形式。

1. 婴幼儿社会教育的意义

（1）社会教育对婴幼儿身心的发展起着特殊重要作用

社会教育根据一定社会的要求，用一定的内容和方法，有目的、有计划、有系统地引导儿童进行各种活动，施加一定的影响。通过教育可以发扬优良的遗传素质，使遗传所提供的某种可能性变为现实性，并影响和改造不良的遗传素质。教育可以对环境加以取舍，发挥和利用环境中的有利因素，减少或消除不利因素，使儿童形成社会需要的品质和才能。社会教育对婴幼儿发展的影响主要表现在以下方面：①对婴幼儿的智力发展有远期的影响。国外的一些研究者认为，五岁前是智力发展最为迅速的时期，人们约 50％的智力是在四五岁前获得的，其余的 30％是在四至八岁获得，最后的 20％是在八至十七岁时获得的；②婴幼儿的早期经验能改变脑的结构。学前期，大脑发展极为迅速，以脑重而言，初生时约为 350－400 克；六岁时重 1300 克，为成人脑重的 9/10。这时，适当地对大脑进行刺激和训练，就能有效地促进大脑皮层细胞的增长、分化，神经联系复杂，从而为其今后的大脑发育和智力发育打下良好的基础。

（2）婴幼儿社会教育有助于妇女的解放

教养年幼子女，母亲负担了主要的责任，开展婴幼儿社会教育，让学前教育机构承担着婴幼儿的教育任务，可以减轻母亲的负担，为妇女参加工作、生产劳动和社会活动提供了条件。妇女只有参加社会劳动，经济上独立，才能得到真正的解放。

2. 婴幼儿社会教育的任务

婴幼儿社会教育的任务就是向儿童进行良好的保育和教育，促使儿童得到初步的全面发展。1981 年，卫生部颁发《三岁前小儿教养大纲》（草案）中提出托儿所教育的任务："要培养小儿在德、智、体、美各方面得到发展，为造就体魄健壮、智力发达、品德良好的社会主义新一代打下基础。"同年在教育部颁发的《幼儿园教育纲要》（试行草案）中提出："幼儿园的教育任务应是向幼儿进行体、智、德、美全面发展的教育，使其身心健康活泼地成长，为入小学打好基础，为造就一代新人打好基础。"这只是对托儿所和幼儿园教育任务的总的概述。但是由于托儿所和幼儿园的教育对象的年龄不同，身心发展的水平不同，所以托儿所和幼儿园的具体任务是不同的。

托儿所教育的具体任务是：发展小儿的基本动作，进行适当的锻炼，提高小儿的健康水平，促进身心正常发展；发展小儿模仿、理解和运用语言的能力，促进小儿智力的发展，并获得简单的知识；对小儿进行友爱、礼貌、诚实、勇敢等良好的品德教育；培养小儿的饮食、睡眠、穿衣、盥洗等各方面的生活习惯及能力。

幼儿园教育的具体任务是：发展幼儿的基本动作，培养幼儿对体育的兴趣，提高机体的功能，增强体质；对幼儿进行粗浅的生活知识和技能的教育，注意发展幼儿的注意力、观察力、记忆力、思维力、想象力及语言表达能力，培养他们对学习的兴趣和良好的学习习惯；对幼儿进行初步的教育，培养他们团结、勇敢、诚实、有礼貌、守纪律的优良品德；对幼儿进行音乐、舞蹈、美术、文学等浅显知识和技能的教育，初步发展他们对美的事物的感受力、表现力和创造力。①

3. 婴幼儿社会教育的内容和形式

我国婴幼儿社会教育的内容主要包括以下几个方面：①体育。发展婴幼儿运动能力，促进他们骨骼、肌肉的生长和动作能力，提高他们的体质。②智育。进行语言训练、思维训练，发展他们的智力。③德育。对婴幼儿进行初步的文明礼貌训练，并养成文明的行为习惯。④美育。对婴幼儿进行初步的音乐、美术、文学等教育，培养和初步发展他们的审美能力。⑤生活习惯教育。包括吃饭、穿衣、盥洗等生活自理能力的训练，并养成良好的生活习惯和卫生习惯。对婴幼儿进行社会教育的形式是多种多样的，如游戏、活动、讲故事、看电影和电视、听音乐、观赏舞蹈、美术作品和大自然的美丽风光等等。由于婴幼儿的年龄小，所以对他们进行教育应该以游戏、活动为主，课堂教学为辅。

（二）青少年社会教育

青少年时期，是指人的成长在心理和生理上逐步向成人过渡的时期。少年期是十二三岁至十五六岁这一年龄阶段。青年期是从十四五岁到二十五岁。从少年到青年是一个质变的过程，少年期自我意识开始突出，独立精神加强，世界观逐步形成。青年期，世界观已基本形成，个性的发展已近定型，但是在思想上有许多的不稳定因素，容易偏激和把复杂的问题简单化，他们追求新鲜与创造，但常常对自己的能力评估过高并急于求成。这一时期家庭教育和学校教育依然居于主导地位，但是社会教育对他们的成长发展也具有十分重要的意义。

1. 在校青少年的社会教育

在校青少年的社会教育，主要表现为校外教育活动。校外教育活

---

① 黄人颂主编：《学前教育学》，人民教育出版社 1989 年版，第 74 页。

动是由校外教育机构领导和组织，旨在协同学校实现培养目标的各种教育活动。主要特点是引导青少年自愿参加各种有趣的、内容多样的活动，并受到教育和锻炼。青少年校外社会教育的活动方式以实践为主，活动内容具有较大的灵活性，其难易程度、进展速度视学生的实际情况和客观条件而定。活动的形式主要有：①群众性活动。如各种讲座、纪念会、主题活动、艺术和体育表演等。②小组活动。如各种科技、文艺、体育小组等。③个人活动。如在辅导教师指导下的独自阅读、科技和工艺制作活动，等等。

在校青少年社会教育的任务，是对学生进行社会主义道德品质教育、扩大和加深学生对课堂知识的理解，激发求知欲、主动性和创造性，发展多方面的兴趣、爱好和特长，养成勤动手、善思考的习惯，提高实践活动能力，促进学生德、智、体、美、劳诸方面得到生动活泼的全面发展。

2. 校外青少年的社会教育

校外青少年的社会教育主要是指青少年的学校后教育，包括辍学、退学的青少年。对这部分青少年的教育主要靠于社会教育机构、设施及群众团体。同时也要充分发挥社会教育力量，如街道居委员、农村村委会、社区管理机构等。针对这部分社会教育对象比较复杂的特点，除进行思想政治教育外，还要进行以下几个方面的教育：①文化辅助教育。即对未达到应有学历的青少年，进行普及科技文化知识的教育。②社会主义道德和法制教育。针对那些闲居在家、没有固定职业和被学校开除的青少年，要加强对他们进行法制观念的教育，提高他们的道德认识水平，以免这些人误入歧途。③职业技术培训。对于待业的青年，进行多种专业的职业技术培训，使他们有一技之长，为就业创造条件。

3. 特殊青少年的社会教育

特殊青少年主要是指生理、心理、智力与正常儿童发展水平有较大偏离的异常青少年（盲、聋哑、残疾、弱智等青少年）以及行为品德异常的青少年（劳动教养及依法判刑等青少年）。

（1）残疾青少年的社会教育

残疾青少年除在特殊学校和普通学校中的特殊班接受思想、文化教育外，还由校外社会特殊教育机构对他们进行身心补偿和职业技术教育，培养他们自尊、自强、自信的生活信心，尽可能使他们具有独立生活和从事生产劳动的能力，能够为社会作出贡献。我国对残疾青少年进行社会教育的机构主要有：民政系统的特教机构、社区康复和寄托机构，儿童福利院、聋儿康复机构、各级残疾人联合会设立的职业培训中心等。

（2）劳改、劳教人员的社会教育

劳改、劳教人员的社会教育主要由监狱、劳改队、少管所、劳动教养所等机构实施，另外，社区、居委会也对他们负有教育的责任。对这些人员的教育除进行文化科学知识的补习教育外，主要对其进行思想改造教育，教育他们树立正确的人生观，改造原有的错误的人生观和腐朽的、错误的生活方式。对他们进行社会主义法制和道德教育，使他们树立起法制观念和正确的道德观念。我国的法令、法律和党的方针、政策是对劳教、判刑人员以"教育、感化、挽救"为主，把他们改造成为对社会有用的人。

（三）成人社会教育

成人社会教育的对象主要是指年龄在 20－60 岁之间的社会成人。对成年人施以社会教育的意义就在于能够激发他们的创造性，正确引导他们适应社会生活的变化及社会的需要，促进社会主义物质文明和精神文明的建设。目前，我国成人社会教育主要分为这样几个方面：

1. 农村成人社会教育

我国是一个农业大国，80%的人口在农村，农村人口的素质，直接关系到我国农业现代化的实现，因此农村的成人社会教育，是我国社会教育事业一个重要的组成部分。

（1）农村成人社会教育的类型

农村成人社会教育主要分为农村扫盲教育和农村科学技术培训教育。①扫盲教育。文盲是经济发展、社会进步的重大障碍。扫除文盲，提高成人识字率是衡量一个国家综合国力，评价其发展水平的社会标志之一。我国90％的文盲集中在农村，众多文盲的存在，严重地影响了农村两个文明的建设。因此，扫盲教育是农村成人社会教育的一项重要任务。目前，我国农村扫盲工作应从两方面着手：一是在开展基本读写能力教学的基础性扫盲过程中，要注重实用，注意识字教学内容要与扫盲对象的工作、生产和生活紧密联系，将文化学习与农业生产技术学习结合起来。二是对已脱盲的成员进行功能性扫盲，以帮助他们扫除在日常生活、生产中因知识和能力不足而产生的种种障碍。其内容可以包括科学、法律、医学保健、消费保险、社交礼仪等，这是一种终身教育。同时，我国农村成人扫盲教育对象的重点应是妇女，因为妇女占农村文盲的70％以上，妇女素质的高低，不但影响着婚姻生活、社会生活、还影响对下一代的培养，影响农村经济社会的发展。扫盲的内容要与家庭教育、妇女卫生保健常识相结合。②农村实用技术培训教育。党的十三届八中全会通过的《中共中央关于进一步加强农业和农村工作的决定》指出：振兴农村经济，取决于科学技术的进步和教科成果的广泛应用。就我国目前情况而言，科技对农业的巨大促进作用还没有充分发挥，究其原因：一是农村科技人才不足，二是劳动者科技文化素质太低，造成科技成果转化率低。因此对广大农村成人进行农业科技教育，培养人才已成为当务之急。目前，我国农业科技推广教育主要有"星火"计划、"燎原"计划、"丰收"计划、"火炬"计划等，实行农科教结合，围绕科学技术的推广来培训农民，培养农村适用人才，以提高劳动生产率。

（2）农村成人社会教育的内容与形式

农村成人社会教育的主要内容是思想道德、基础文化、农业实用科学技术、乡镇企业的职业技能培训和职业道德、文明生活方式、娱乐休闲教育等等。

进行成人社会教育的途径和方式主要有：业余学校、农村文化补习学校、各种实用技术培训班、农村科技推广站、乡镇企业的岗位培训班、讲座、家庭广播学校、举行各种群众活动和文体活动、家庭读书活动、书画展览等等。

2. 城市成人社会教育

（1）城市成人社会教育的意义

成人始终是直接参与城市建设、管理、规划的主体人群，他们受教育的程度，以及政治、文化科技素质的高低和实际能力的强弱对城市的发展起着决定性的作用。因此，通过街道居委会、街区等城市基层组织对成人进行教育意义是十分重大的。①可以对全体市民施予爱国主义、社会主义、集体主义的教育，党的方针、路线教育，社会主义民主与法制的教育以及形势政策的教育，还可以进行科学文化素质教育，是推进社会主义精神文明建设的一个重要途径；②通过教育与培养培训现代化建设需要的各类人才，提高劳动者素质、技能水平和管理水平，推动生产力水平的提高；③能充分利用城市内各种教育资源，如学校、图书馆、文化宫、体育场馆、博物馆等物力资源以及教师、技术人员、科技人员等人力智力资源，为提高社会劳动者素质服务，为城市经济建设服务；④是实现教育终身化、社会化的重要途径。

（2）城市成人社会教育的类型

根据城市发展对成人学习的要求，以及成人适应社会发展，提高自身素质和生活质量而产生的学习要求，我国目前城市成人社会教育主要有以下类型：①思想政治教育。对成人开展不间断的、主体化的、全方位的、富于城市特色的政治教育。②文化技能教育。主要有基础教育、岗位培训教育、学历或非学历职业技术教育、中等文化和专业教育、继续教育、补偿教育等。③文明素质和社会生活教育。主要有社会学、文学、艺术、体育教育；家政和家庭教育、妇女和老人教育等。

（四）老年人的社会教育

联合国规定，60岁至65岁以上的人称为老年人，老年人在总人口中所占比例超过10％，属"老年化"国家。目前，我国60岁以上的老年人占总人口的10.5％，我国进入"老年化"国家。老年教育事业的发展是社会老龄化的必然要求，也是衡量一个国家、一个地区物质文明和精神文明水平的重要标志。

1. 老年人社会教育的意义

老年人社会教育是指针对老年人生理、心理特点进行的教育活动。人进入老年期以后，生理和心理都发生了重大的变化。在生理上，各种器官衰老，感觉明显衰退；在心理上，由于从工作岗位上退休下来，有很强的失落感和不平衡感，造成心理负担，从而影响老年人的身心健康。老年人社会教育的意义就在于使这些工作了一生、为社会作出贡献的老人能够幸福、健康地度过晚年，实现老有所学、老有所为、老有所养、老有所乐。

2. 老年人社会教育的作用

老年教育既具有一般教育的功能和价值，也具有其他教育没有或不可替代的特殊功能和价值。

（1）发展老年人社会教育事业，有利于发挥老年群体智力资源的作用

目前我国实行男性60周岁、女性55周岁退休的制度。在这些老人

群体中，特别是那些知识层次高的专业技术人员等，他们具有专业技术知识的长处和优势，又具有十分丰富的经验和业务能力，他们渴望为社会继续贡献自己的聪明才智。因此我们应有计划、有组织地组织他们再学习，再就业，充分发挥老年人"智囊库"作用。这也是落实老有所为，解决人口老龄化问题的一项重要的基本对策。

（2）发展老年人社会教育事业有利于提高老年人闲暇生活质量、促进社会文明和进步

老年人离开工作岗位后，有了宽裕的闲暇时间。因此，如何以有意义的学习活动来充实离退休时间，不仅是老年人个人的事，而且涉及社会安定、社会文明。闲暇生活的内容和质量不但在一定程度上反映一个人的精神面貌，而且反映一个民族、一个社会的物质文明和精神文明的程度。因此我们要通过老年人社会教育引导老年人成为积极、健康、向上，适应社会发展需要的老年人。

（3）老年人社会教育可以帮助老年人抗衰益寿，促进老年人自身完善

科学家们认为，勤于用脑的人，脑细胞的发展将更加完善，脑细胞之间的联系将更加密切，从而延缓脑细胞的老化过程。因此老人勤于用脑，可以延缓人的衰老。同时老年社会教育有助于维护和促进老年人的身心健康。教育能使老年人不断接受新信息，学到新知识、新技能，提高对社会的适应能力，促进他们以科学理智和乐观的态度对待社会，能够陶冶思想情操，增加生活乐趣，保持健康乐观的情绪。教育还能使老年人掌握必要的卫生保健知识，提高自我保护能力，养成良好的生活习惯，使老年人幸福、健康地安度晚年。

3. 老年人社会教育的特点

（1）教育目的的非功利性

老年人接受教育，并不是为了获得谋生的技能和手段，而是为了

陶冶情操，丰富闲暇生活，满足精神需要。

（2）教育活动的休闲性

正是老年教育目的的非功利性，所以使得老年人社会教育具有其他类型教育所不具有的休闲性。老年人接受教育，不为高分，不为名次，不为学历，不为晋升，而主要是为了自我修养。这是一种没有精神负担和外界压力的名副其实的"愉快教育"。

（3）教育层次、内容、形式的多样性

老年社会教育对象的文化水平悬殊，因而老年教育实际包括了从扫盲到博士后的所有教育层次。其次，由于老年人兴趣、经历、性格等等不同，他们所要求学习的内容也是五花八门，十分丰富的，如养鱼、种花、书法、绘画、烹调以至哲学、社会学、自然科学，等等。再次，由于每个老年人的实际情况不同，所以办学的形式也是多样的。如：组织讨论、听广播、看电视、举办各种讲座以及开办老年大学等等。

五、中国社会教育的管理

（一）社会教育行政管理的基本原理

管理原理是指管理系统及其运动中存在的不依人们意志为转移的客观规律。在我国社会教育行政管理中存在着三对基本关系，反映了社会教育行政管理的基本规律，因此，这三对基本关系就可称之为社会教育行政管理的基本原理。

1. 社会教育行政管理与我国国家性质和国情的关系——社会教育行政管理必须符合我国国家性质和国情的规律

社会教育行政管理是国家行政管理的一个组成部分，它制约于一定国家政治经济制度和文化教育发展的水平，并具有本民族的传统特点。我国是社会主义国家，教育的权力为无产阶级和劳动人民掌握，成为宣传无产阶级思想，用马克思主义世界观和共产主义道德教育人民和青年，传播科学文化知识，建设精神文明和培养人才的重要武器。因此在社会主义国家里，社会教育行政管理"必须反映社会主义的新政治、新经济，必须为广大劳动人民服务，必须适应我们国家社会主义改造和社会主义建设的需要。① 必须坚持党在路线、方针等政策方面对社会教育行政管理的领导，建立与健全自上而下的有效的社会教育行政工作系统，使各级、各部门能充分地发挥其职能作用。"

我国社会教育的发展，必须从中国的国情出发，坚持马克思主义的普遍真理和中国的具体实际相结合。社会教育行政管理必须根据自己的国情，走自己的路，建设中国特色社会主义社会教育行政管理机制。实践经验表明，"齐抓共管"，是坚持从中国实际出发，是集中统一领导和贯彻群众路线相结合在社会教育行政管理体制上的具体体现。所谓"齐抓"，就是由中央集中统一教育事业规划，统一教育方针政策，制定必要的规章制度。"共管"就是由各行各业、政府各部门、各社会团体充分发挥社会教育的职能，分级分块进行管理。这有利于充分发挥各方面办社会教育的积极性，有利于社会教育事业的改革和发展。

2. 社会教育行政管理与经济和社会发展的关系——社会教育必须与经济和社会发展的需要相适应的规律

经济发展是教育事业发展的物质基础，而教育又是经济发展的重要条件。社会教育事业要适应国民经济和社会发展的需要，一方面，要求社会教育发展的速度和规模、教育结构、培养人才的数量和质量能够适应国民经济和社会发展的需要；另一方面，社会教育事业发展的规模和速度又不能不受国民经济和社会发展需要与所能提供的物质

---

① 中央教育科学研究所编：《中华人民共和国教育大事记》(1949－1982)，教育科学出版社1984年版，第200页。

条件的制约。这是一条客观规律，社会教育行政管理必须遵循这一客观规律。这一规律促使社会教育行政活动必须不断充实自己的内容，调整自己的机构，改进自己的活动方式，以便与社会的政治、经济和科学文化发展状况相适应，与产业结构、社会结构以及人口结构及分布等方面的需要相适应。只有从社会经济和社会的发展中考察社会教育行政活动，才能正确认识社会教育行政管理的历史和现状，预测并控制其未来变化的趋势，充分发挥其作用。

3. 社会教育行政管理与社会教育行政管理内部各种因素间的关系——社会教育行政管理必须协调统一、总体优化的规律

社会教育行政，是一个由各个层次、各个部门、各种因素、各类成员为了实现一定的教育目标而组成的有机整体，从系统论的观点看，是一个多层次、多结构、多因素的大系统。社会教育行政管理要从实现整体目标出发，科学地、合理地组织各个层次、各个结构、各个部门、各种因素的力量，以发挥最佳的管理效能。也就是要从系统总体目标出发，统一计划协调，在充分发挥管理各个分系统效能的基础上，使整个系统的效能达到最优状态，使社会教育事业的发展达到最好的效果。它的着眼点在于整个系统的最优化。而不只是每个分系统的最优化。整个系统的最优化必须以分系统的最优化为基础，分系统的最优化又必须从属于总体的最优化，有利于系统总体的最优化。

(二) 社会教育管理的原则

1. 坚持社会主义方向性原则

坚持社会主义方向，是我国社会教育管理活动的基本原则。发展我国社会教育事业的根本目的是培养高素质的劳动者和高质量的社会主义现代化建设人才。当今世界政治风云变幻多端，经济科技竞争日益剧烈，我们既要粉碎国际资本主义势力对我国实行"和平演变"的阴谋，高举社会主义旗帜，又要迎接世界科技、经济的挑战，把经济

搞上去，充分发挥社会主义制度的优越性，增强社会主义的吸引力。因此，在我国的社会教育管理活动中，必须坚决贯彻执行党在社会主义初级阶段的基本路线，以党和国家的方针、政策为依据，使我国的社会教育为建设富强、民主、文明的社会主义现代化国家服务。贯彻这一原则，必须强调以下几点：①社会教育管理必须坚持党的领导；②社会教育管理必须全面贯彻党的教育方针；③必须坚持四项基本原则，反对资产阶级自由化。

2. **民主性原则**

民主性原则是社会主义国家教育管理区别于资本主义国家教育管理的根本标志，也是具有中国特色的社会主义教育管理的基本原则。所谓社会教育管理的民主性原则，是党和政府必须以各种方式和具体措施保证和吸收人民群众参加社会教育管理。贯彻这一原则要求做到：①必须保证和吸收人民群众参加社会教育管理。如社会教育管理工作要贯彻群众路线，通过各级代表和行政部门反映群众的意见，按照人民的意见办好社会教育，并争取群众的支持和监督。②尊重人民群众参加各项管理的民主权利。③社会教育管理的组织与活动，实行民主集中制。如对政策性、原则性强的问题要集中讨论，服从党和政府的领导，但人民群众有参加各种形式群众文化活动的自由，有成立各种群众文化活动组织的自由。

3. **注重社会效益与经济效益统一的原则**

社会教育是进行社会主义物质文明和精神文明建设的重要的、不可缺少的力量。在教育的指导思想、制度、方针、政策等方面，都要使人才的培养有利于两个文明的建设，收到预期的社会效果。但是，同时也要讲究社会教育的经济效益，这包含两个方面的内容：一是要改变教育事业中经济效益不高的情况，如经费短缺与资源浪费的矛盾，人才不足与学非所用的矛盾等。二是要注重社会教育设施本身的经济效益，如文化馆、文化宫等可利用自身的条件设施，搞有偿服务，这既能增加社会教育机构的经济收入，又为社会教育活动进一步发展奠定了基础。因此，应该在讲求社会效益的同时抓好经济效益，坚持把社会效益放在首位兼顾经济利益。贯彻这一原则要求做到：①加强社会教育法制建设，依法治教，保证社会主义办学方向和培养目标得到落实，这是提高社会教育的社会效益与经济效益的有效途径；②实行科学管理，使社会教育管理效能化。

4. 权变性原则

权变性原则，是指社会教育管理活动必须根据不同的情况，确定和采取不同的措施、方法，实行动态的调节，使社会教育管理具有针对性和适应性。影响和制约社会教育事业发展的客观因素是千差万别、千变万化的。要有效地进行管理，就必须认识和适应这种差别和变化，并根据这些差别和变化，确定不同的对策和方案，实行动态管理。贯彻这一原则，要求做到：①根据地区的不同情况进行管理。我国幅员广大，人口众多，各地经济、文化发展不平衡，因此在社会教育管理上，必须从当地的实际出发，因地制宜，实行分区规划。②要依据社会教育的特点、对象，提出不同的要求和采取不同的措施。③有关部门随着客观环境和社会教育事业自身的发展变化，不断采取新对策。

（三）社会教育的政策和法规

社会教育政策，是指党和国家为实现一定历史时期的路线和任务而规定的社会教育工作的行动准则。社会教育法规是社会教育的法律、法令、条例、规程、制度等规范性文件的总称。

1. 社会教育法规的分类

按制定、发布社会教育法规的机关地位层次不同，可分为国家教育法规和地方教育法规。国家社会教育法规是指最高国家权力机关和最高国家行政机关制定的教育法规。如《中华人民共和国宪法》和

《中华人民共和国残疾人保障法》等。地方社会教育法规是指地方国家权力机关和地方国家行政机关制定的教育法规。如《北京市图书报刊音像市场管理条例》（1990年）、《北京市残疾人保护条例》（1990年）等。地方性法规不得同宪法、国家的法律和行政法规相抵触，并且要报全国人民代表大会常务委员会备案。

按教育法规本身所适用的社会教育机构和团体分类，可以分为社会宣传教育法规、社会群众文化教育法规和社会法制教育法规。社会宣传教育法规指专为社会宣传教育机构，如广播电台、电视台、新闻社、出版社、杂志社、报社、书店等开展社会教育工作而制定的法规。如《电视剧制作许可证规定》（1989年）、《河南省图书报刊发行管理规定》（1990年）等。社会群众文化教育法规是指专为图书馆、科技馆、群众艺术馆、文化宫、影剧院、歌舞厅等机构开展社会教育活动而制定的规范性文件。如《进口影片管理办法》（1981年）、《国家体育锻炼标准施行办法》（1989年）、《北京市图书报刊音像市场管理条例》（1990年）等。社会法制教育法规是指专门为社会法制教育机构，如工读学校、劳动教管所、监狱等开展社会教育工作而制定的规范性文件。如《关于办好工读学校的几点意见》（1987年）、《中华人民共和国看守所条例》（1990年）等。

2. 社会教育政策和法规的作用

（1）定向作用

社会教育政策和法规是党的社会教育政策的具体化和条文化，是党实现对社会教育领导的手段和保证。它集中地反映了无产阶级和广大劳动人民群众的利益，具有鲜明的政治方向性。因此，社会教育政策和法规明确了我国社会教育工作发展的方向。

（2）规范作用

法，是体现统治阶级意志，由国家制定或认可，受国家权力保证执行的行为规范。我国社会教育法规是社会主义教育的法律管理手段，是人民利益和意志的体现。所以社会教育法规为人们的行为提供了一定的模式和标准，对人们的社会教育活动起到规范和约束的作用。

（3）保护作用

社会教育法规的主要功能在于通过对社会教育活动中产生的内部、外部各种关系的调整来建立、维护、发展有利于掌握着国家政权的统治阶级的教育活动秩序，实现对社会教育事业的领导与管理。因此，社会教育法规是社会主义教育事业的捍卫者，也是调整利益关系、维护正义、保护公民权利的"盾牌"。

3. 社会教育法规的制定

（1）制定社会教育法规的必要性

新中国成立以来，特别是党的十一届三中全会以来，我国在加强立法工作，健全社会主义教育法制方面取得了显著成绩。但相对于我国社会主义现代化建设的实际需要来说，我国的教育法制建设还很不健全，特别是社会教育立法工作，是我国法制建设中非常薄弱的一个环节。这突出表现在三个方面：一是我国至今还未有一部系统的《社会教育法》；二是已制定和颁布的社会教育法规多属于行政系统制定的单项法规，而由国家权力机关制定和颁布的社会教育法律较少；三是已制定和颁布的社会教育法规多是对社会教育各机构的要求，缺乏同经济、社会联系的内容，难以起到协调一致，共同发展的作用。这种状况，同我国经济、社会的发展很不适应，同社会教育事业本身的发展也不协调。为此，必须在提高对社会教育立法重要意义认识的基础上，加快社会教育立法的步伐。

（2）社会教育法规的制定原则

制定社会教育法规必须遵循：①必须坚持子法从属于母法的原则。宪法是我国的根本大法，是其他一切法律、法规的母法。教育方面的法律、法规相对于宪法而言，属于子法。因此，社会教育法规的制定必须在宪法精神指导下进行，而不能与宪法相抵触。②坚持从实际出发的原则。社会教育立法要从实际出发，实事求是，从我国的国情出发，如果制定的社会教育法规脱离了我国的实际情况，也就失去了立法的意义。③必须反映法律规范的基本特征。制定的社会教育法规必须具有稳定性和连续性，必须具有坚定的原则性和适度的灵活性，必须具有法律的规范性。④必须同党的教育方针、政策保持一致。党的教育方针、政策是制定社会教育法规的依据，而社会教育法规也是党的教育方针、政策的具体化、条文化，是保证党的教育方针、政策贯彻执行的主要手段。⑤坚持群众路线的原则。是指制定社会教育法规要在调查研究的基础上，广泛听取群众意见，坚持从群众中来，到群众中去。

（3）社会教育法规的执行和监督

社会教育法规的执行即社会教育法规的实施，是指通过一定方式使教育法规在社会生活中具体运用和实施。国家一经制定并颁布教育法规，就要付诸实施，否则就丧失了法规存在的价值。

执行社会教育法规的原则：①国家社会教育法规优先于地方社会教育法规的原则；②总的社会教育法规优先于单项教育法规的原则；③后定社会教育法规优先于先定社会教育法规的原则；④特别教育法规优先于一般教育法规的原则。

为保证社会教育法规的贯彻执行，必须加强监督工作。加强对执行社会教育法规的监督，是改善社会教育管理机构，保证社会教育管理活动正常进行的必要条件。对执行社会教育法规的监督，主要有以下几种形式：①国家权力机关的监督；②司法机关的监督；③各级政府的监督；④本部门和外部门的监督；⑤群众监督和社会监督。

参考文献

一、中文

1. 顾明远. 教育大辞典（增订合编本）（上、下）. 上海：上海教育出版社，1998.

2. 梁忠义. 当代日本社会教育. 太原：山西教育出版社，1994.

3. 王冬桦，王非. 社会教育学概论. 北京：教育科学出版社，1992.

4. 吴文侃，杨汉清. 比较教育学（修订本）. 北京：人民教育出版社，1998.

5. 毕淑芝，司阴贞. 比较成人教育. 北京：北京师大出版社，1994.

6. 张维. 世界成人教育概论. 北京：北京出版社，1990.

7. 孙世路. 外国成人教育. 北京：教育科学出版社，1982.

8. 王定华，田玉敏. 中外教育史. 天津：天津社会科学院出版社，1991.

9. 曹志. 各国公职人员培训制度. 北京：中国劳动出版社，1990.

10. 达肯沃尔德·梅里安著. 刘宪之等，译. 成人教育——实践的基础. 北京：教育科学出版社，1986.

11. 保罗·朗格朗著. 周南照，译. 终身教育引论. 北京：中国对外翻译出版公司，1985.

12. 联合国教科文组织国际教育发展委员会编著. 华东师大比较教

育研究所，译. 学会生存——教育世界的今天和明天. 北京：教育科学出版社，1997.

13. 由雅克·德洛尔任主席的国际 21 世纪教育委员会向联合国教科文组织提交的报告. 联合国教科文组织总部中文科，译. 教育—财富蕴藏其中. 北京：教育科学出版社，1996.

14. 李建兴. 社会教育新论. 台北：台北三民书局，1981.

15. 詹栋梁. 各国社会教育运动. 台北：台北五南图书出版公司，1991.

16. 詹栋梁. 现代社会教育思潮. 台北：台北五南图书出版公司，1991.

17. 林胜义. 社会教育多元论. 台北：台北五南图书出版公司，1993.

18. 滕大春. 美国教育史. 北京：人民教育出版社，1994.

19. 梁忠义. 战后日本教育研究. 南昌：江西教育出版社，1994.

20. 孙启林. 战后韩国教育研究. 南昌：江西教育出版社，1995.

21. 钱乘旦，陈晓律. 在传统与变革之间——英国文化模式溯源. 杭州：浙江人民出版社，1991.

22. 迪特尔·拉夫著. 北京外国语学院德语系，译. 德意志史. 波恩 Inter Nationes 出版社，1987.

23. 陈文奎，李翔德. 中欧莱茵河之邦——德国. 太原：山西人民出版社，1995.

24. 李其龙，孙祖复. 战后德国教育研究. 南昌：江西教育出版社，1995.

25. 瞿葆奎. 印度、埃及、巴西教育改革. 北京：人民教育出版社，1991.

26. 马加力. 当今印度教育概览. 郑州：河南教育出版社，1994.

27. 安双宏. 印度教育近况. 比较教育研究. 1997（5）.

28. 钟启泉. 扫盲价值论与扫盲目的论（上、下）. 外国教育资料.
1999（1—2）.

29. 钟启泉. 国际通行的扫盲概念与扫盲的现代课题. 外国教育资料. 1999（3）.

30. 司荫贞编译. 瑞典、丹麦、挪威成人教育. 比较教育研究.
1996（6）.

31. 赵东方编译. 瑞典成人教育类型种种. 成人教育，1985（1）.

32. 刘英捷. 瑞典的"成人学习圈". 上海成人教育. 1994（1）.

33. 张丹华. 俄罗斯高等师范教育新的培养目标评介. 外国教育研究. 1998（2）.

34. 曾天山，张建忠，黄学溥. 外国教育管理发展史. 北京：教育科学出版社，1995.

二、英文

1. Sharan B. Merriam and Phyllis M. Cunningham （editors），
"Handbook of Adult and Continuing Education"，Jossey-Bass Publishers，San Francisco，1990.

2. Malcolm S. Knowles， "The Adult Education Movement in the
U. S." Robert E. Kriger Publishing Company New York，1977.

3. "Adult Learning"，1994—1996.

4. Phyllis M. Cunningham "United States of America"，International Review of Education 1996（Vol42）P. 167—186.

5. Kelly T.，A History of Adult Education in Great Britain，Liver-

pool University Press, 1962.

6. Jarman T. L. , Landmarks in the History of Education, John Muriay, 1960.

7. Michael D. S. , Adult Education, Biddles Ltd., Cuildford and Kings Lynn, 1990.

8. Dr. Bharat Jethither: Adult Education and Extension; Published by S. B. Nangia A. P. H. Publishing Corporation, 5. Ansari Road, Darya Ganj New Delhi-11000281-7024-749-7 1996.

9. Dr. Ramnath Sharma, Dr. Rajendra K. Sharma: History of Education in India; Published by Atlantic Publishers and Distributors B-2 Vishal Enclave, New Delhi-110027 1996.

10. S. R Vashist, Ravi P. Sharma: History of Education in India; Published by Radha Publications 4378/4B Ansari Road Daryaganj New Delhi-110002 ISBN81-7487-119-5. First Published 1997.

11. Sureshchandra Shukla, Rekha Kaul: Education, Development and Underdevelopment; First Published in 1998 Sage Publications India Pvt. Ltd. 32M-Block Market Greater Kailash-I New Delhi-110048 ISBN 0-7619-9222-7 (US-hb) 81-7036-3 (India-hb).

12. Snehlata Ranganathan: Education Reform and Planning Challenge; Published by Kanishka Publishers, Distributors. 4697/5-21A, Ansari Road, Darya Ganj New Delhi-110002. First Published 1996. ISBN81-7391-161-4.

13. Dr. D. P. Rawat, Dr. O. P. Cupta, Dr. V. Venkatappaiah: Current Development in Library and Information Science; Published by Dr. S. K/bhatia for Reliance Publishing House, New Delhi, 1997.

14. P. L. Mehta, Rakhi Poonga: Free and Compulsory Education: Cenesis and Execution of the Constitutional Philosophy; Published by Deep & Deep Publications, F-159, Rajouri Garden New Delhi-110027 1997, P. L. Mehta and Rakhi Poonga. ISBN81-7100-977-8.

15. R. T. Nanda JPF: Contemporary Approaches to Value Education In India; Published by Regency Publications. 20/36G OLD Market, West Patel, New Delhi-110008 1997.

16. S. N. Sharma, Ravi Prakash: Adult Education and Social Growth; Published by Kanishka Publishers Distributors 4697/21A, Ansari Road, Darya Ganj, New Delhi-110002 First Published 1996. Reserved ISBN81-7391-152-5.

17. B. K. Higam, Vijay Kaushik: Management and Evaluation of Distance Education; Published by Kanishka Publishers, Distributors. 4697/5-21A Ansari Road, Darya, New Delhi-110002 First Published 1996. P. 107.

18. Terry Evans and Dary Nation: Open Education: Policies and Practices From Open and Distance Education; London and New York, 1996.

19. Suma Chitnis, Philip G. Altbach: Higher Education Reform in India: Experience and Perspectives; Sage Publications India PVT. Ltd. , M-32 Greater Kailash Market, Part I, New Delhi-110048, 1993.

20. Sita Ram Sharma: Education Development in India; Published by: Anmol Publications 4378/4-B, Gal: Murailal, Ansari, Darya Ganj, New Delhi-110002. 1990.

21. Dr. R. L. Mittal: Library Administration Theory and Practice;

Published by B. V. Gunta, Managing Director, Meropolitan Book Co. Ltd. 1, Metaji Suhhash Mare, New Delhi-10002. 1984.

22. D. Bhaskara Rao, K. R. S. Sambasiva Rao: Current Trends in Indian Education; Published by Discovery Publishing House, Ansari Road, Darya Ganj, New Delhi, 1996.

三、德文

1. Bibliographisches Institut AG Mannheim:

Wie funktioniert das? Der moderne Staat, 1974

Meyers lexikonverlag Mannheim, Deutschland

2. Bibliographisches Institut AG Mannheim:

Das Farbige Duden-Lexikon in 3 Baenden, 1976

Duden Verlag Mannheim, Deutschland

3. R-H. Tenbrock: Geschichte Deutschlands, 1977

Max Huber Verlag Muenchen, Deutschland

4. Arbeitsgruppe am Max-Planck-Institut fuer Bildungsforschung:

Das Bildungswesen in der Bundesrepublik Deutschland, 1979

Rowohlt Taschenbuch Verlag GmbH Reinbek bei Hamburg, Deutschland

5. Hans Heckel und Hermann Avenarius: Schulrechtskunde (6. Auflage), 1986

Hermann Luchterhand Verlag Neuwied und Darmstadt, Deutschland

6. Statitisches Amt: Datenreport 1987, Schriftenreihe Band 257

Bundeszentrale fuer Politische Bildung, Bonn, Deutschland

7. Fuerth, Christoph: Deutsches Bildungswesen seit 1945

Grundzuege und Probleme，1996

Inter Nationes Bonn，Deutschland

8．Hessen heute Eine Dokumentation der Hessischen Landesre-
gierung

9．Siegfried Lengl：Freistaat Bayem

Hanns-Seidel Stiftung Muenchen，Deutschland

10．Statistisches Taschenbuch Zahlenkompaβ，1997

Statistisches Bundesamt Wiesbaden，Deutschland

11．Inter Nationes：Bildung und Wissenschaft，4/1997

四、俄文

1．А. Бруднов Проблемы становления и развития системы дополнительного образования Воспитание в школе》1997. 5

2．Социальный педагог в семью Воспитание в школе》1997. 3

3．И дементьева дриемная семья——новая модель зашиты детства в России Воспитание в школе》1998. 2

4．Н. В. Макаренко Организация жнзни детей в летнем лагере Воспитание в школе》1998. 6

五、日文

1．碓井正久，仓内史郎．新社会教育．学文社发行，1996．

2．林部一二，角替弘志，藤村和男，佐藤守，加藤雅晴．社会教育的基础．实务教育出版发行，1997．

3．玉井成光．社会教育入门——面向新任者的指针．学艺图书株氏会社，1980．

4．文部省社会教育局．社会教育的进展与现状——纪念社会教育法实施 30 周年. 1980.

5. 古野有邻，伊藤俊夫，吉川弘，山本恒夫. 现代社会教育的展开. 文教书院，1987.

6. 仓内史郎. 社会教育的理论. 第一法规出版，1983.

7. 日本教育年鉴刊行委员会编. 日本教育年鉴. 行政出版，（1970－1996）.